吳忠信日記

（1943）

The Diaries of Wu Chung-hsin, 1943

民國日記 ｜ 總序

呂芳上
民國歷史文化學社社長

　　人是歷史的主體，人性是歷史的內涵。「人事有代謝，往來成古今」（孟浩然），瞭解活生生的「人」，才較能掌握歷史的真相；愈是貼近「人性」的思考，才愈能體會歷史的本質。近代歷史的特色之一是資料閎富而駁雜，由當事人主導、製作而形成的資料，以自傳、回憶錄、口述訪問、函札及日記最為重要，其中日記的完成最即時，描述較能顯現內在的幽微，最受史家重視。

　　日記本是個人記述每天所見聞、所感思、所作為有選擇的紀錄，雖不必能反映史事整體或各個部分的所有細節，但可以掌握史實發展的一定脈絡。尤其個人日記一方面透露個人單獨親歷之事，補足歷史原貌的闕漏；一方面個人隨時勢變化呈現出不同的心路歷程，對同一史事發為不同的看法和感受，往往會豐富了歷史內容。

　　中國從宋代以後，開始有更多的讀書人有寫日記的習慣，到近代更是蔚然成風，於是利用日記史料作歷

史研究成了近代史學的一大特色。本來不同的史料，各有不同的性質，日記記述形式不一，有的像流水帳，有的生動引人。日記的共同主要特質是自我（self）與私密（privacy），史家是史事的「局外人」，不只注意史實的追尋，更有興趣瞭解歷史如何被體驗和講述，這時對「局內人」所思、所行的掌握和體會，日記便成了十分關鍵的材料。傾聽歷史的聲音，重要的是能聽到「原音」，而非「變音」，日記應屬原音，故價值高。1970年代，在後現代理論影響下，檢驗史料的潛在偏見，成為時尚。論者以為即使親筆日記、函札，亦不必全屬真實。實者，日記記錄可能有偏差，一來自時代政治與社會的制約和氛圍，有清一代文網太密，使讀書人有口難言，或心中自我約束太過。顏李學派李塨死前日記每月後書寫「小心翼翼，俱以終始」八字，心所謂為危，這樣的日記記錄，難暢所欲言，可以想見。二來自人性的弱點，除了「記主」可能自我「美化拔高」之外，主觀、偏私、急功好利、現實等，有意無心的記述或失實、或迴避，例如「胡適日記」於關鍵時刻，不無避實就虛，語焉不詳之處；「閻錫山日記」滿口禮義道德，使用價值略幾近於零，難免令人失望。三來自旁人過度用心的整理、剪裁、甚至「消音」，如「陳誠日記」、「胡宗南日記」，均不免有斧鑿痕跡，不論立意多麼良善，都會是史學研究上難以彌補的損失。史料之於歷史研究，一如「盡信書不如無書」的話語，對證、勘比是個基本功。或謂使用材料多方查證，有如老吏斷獄、法官斷案，取證求其多，追根究柢求其細，庶幾還原

案貌,以證據下法理註腳,盡力讓歷史真相水落可石出。是故不同史料對同一史事,記述會有異同,同者互證,異者互勘,於是能逼近史實。而勘比、互證之中,以日記比證日記,或以他人日記,證人物所思所行,亦不失為一良法。

從日記的內容、特質看,研究日記的學者鄒振環,曾將日記概分為記事備忘、工作、學術考據、宗教人生、游歷探險、使行、志感抒情、文藝、戰難、科學、家庭婦女、學生、囚亡、外人在華日記等十四種。事實上,多半的日記是複合型的,柳貽徵說:「國史有日歷,私家有日記,一也。日歷詳一國之事,舉其大而略其細;日記則洪織必包,無定格,而一身、一家、一地、一國之真史具焉,讀之視日歷有味,且有補於史學。」近代人物如胡適、吳宓、顧頡剛的大部頭日記,大約可被歸為「學人日記」,余英時翻讀《顧頡剛日記》後說,藉日記以窺測顧的內心世界,發現其事業心竟在求知慾上,1930 年代後,顧更接近的是流轉於學、政、商三界的「社會活動家」,在謹厚恂恂君子後邊,還擁有激盪以至浪漫的情感世界。於是活生生多面向的人,因此呈現出來,日記的作用可見。

晚清民國,相對於昔時,是日記留存、出版較多的時期,這可能與識字率提升、媒體、出版事業發達相關。過去日記的面世,撰著人多半是時代舞台上的要角,他們的言行、舉動,動見觀瞻,當然不容小覷。但,相對的芸芸眾生,識字或不識字的「小人物」們,在正史中往往是無名英雄,甚至於是「失蹤者」,他們

如何參與近代國家的構建，如何共同締造新社會，不應該被埋沒、被忽略。近代中國中西交會、內外戰事頻仍，傳統走向現代，社會矛盾叢生，如何豐富歷史內涵，需要傾聽社會各階層的「原聲」來補足，更寬闊的歷史視野，需要眾人的紀錄來拓展。開放檔案，公布公家、私人資料，這是近代史學界的迫切期待，也是「民國歷史文化學社」大力倡議出版日記叢書的緣由。

導言

王文隆
南開大學歷史學院副教授

一、吳忠信生平

　　吳忠信（1884-1959），字禮卿，一字守堅，別號恕庵，安徽合肥人。1900 年八國聯軍攻陷北京，光緒帝與慈禧太后西逃，鑑於國難而前往江寧（南京）進入江南將弁學堂，時年僅十七。1905 年夏天畢業後，奉派前往鎮江辦理徵兵，旋受命為陸軍第九鎮第三十五標第三營管帶，開始行伍生涯。隔年經楊卓林介紹，秘密加入同盟會。1911 年武昌起義，全國響應。林述慶光復鎮江，自立為都督，任吳忠信為軍務部部長，後改委為江浙滬聯軍總司令部總執行法官兼兵站總監。

　　1912 年元旦，孫中山就任中華民國臨時大總統，奠都南京，吳忠信任首都警察總監。孫中山辭職後，吳忠信轉至上海《民立報》供職，二次革命討袁時復任首都警察總監，失敗後亡命日本，加入孫中山重建的中華革命黨。並於 1915 年，在陳其美（字英士）帶領下，與蔣中正同往上海法國租界參預討袁戎機，奠下與蔣中正的深厚情誼。1917 年，孫中山南下護法組織軍政府，吳忠信奉召前往擔任作戰科參謀，襄助作戰科主任蔣中正，兩人合作關係益臻緊密。爾後，吳忠信陸續擔任粵軍第二軍總指揮、桂林衛戍司令等職。1922 年，

吳忠信作為孫中山的全權代表之一員，與段祺瑞、張作霖共商三方合作事宜。同年 4 月前往上海時，因腸胃病發作，辭去軍職，卜居蘇州。爾後數年皆以身體不適為辭，在家休養，與好友羅良鑑（字偌子）等人研究諸子百家。

　　1926 年 7 月，蔣中正就任國民革命軍總司令，誓師北伐，同年 11 月克復南昌後，邀請吳忠信出任總司令部顧問，其後歷任江蘇省政府委員、淞滬警察廳廳長、建設委員會委員、河北編遣委員會主任委員等職。1929 年，因國家需要建設，前往歐美考察十個月。1931 年 2 月奉派為導淮委員會委員，同月監察院成立，又任監察委員。1932 年 3 月受任為安徽省政府主席，次年 5 月辭職獲准後，轉任軍事委員會南昌行營總參議。1935 年 4 月擔任貴州省政府主席，次年 4 月因胃腸病復發加以兩廣事變，呈請辭職，奉調為蒙藏委員會委員長。自此主掌邊政八年，期間曾親赴西藏主持達賴喇嘛坐床、前往蘭州致祭成吉思汗陵，並視察寧夏、青海及新疆等邊疆各地。1944 年 9 月調任新疆省政府主席兼保安司令，對內以綏撫為主，對外應付蘇聯及三區（伊犁、塔城、阿山）革命問題，1946 年 3 月辭任後，任國民政府委員，並當選第一屆國民大會代表。

　　1948 年 4 月，蔣中正當選行憲後第一任中華民國總統，敦聘吳忠信為總統府資政，復於該年年底委為總統府秘書長。1949 年 1 月 21 日蔣中正引退後，吳忠信堅辭秘書長職務，僅保留資政一職。上海易手之前，吳忠信舉家遷往台灣，被推為中國國民黨中央非常委員會

委員，並任中國銀行董事、中央銀行常務理事。1953年7月起，擔任中央紀律委員會主任委員。1959年10月，吳忠信腹瀉不止，誤以為腸胃痼疾發作，未加重視。不久病情加劇，乃送至榮民總醫院，診療結果為肝硬化，醫藥罔效，於該年12月16日辭世。

二、《吳忠信日記》的史料價值

吳忠信自1926年任國民革命軍總司令部顧問時開始撰寫日記，至1959年辭世前為止，共有34年的日記。其中1937、1938年日記存藏於香港，1941年年底日軍佔領香港時未及攜出而焚毀，因而有兩年闕佚（1942.3.15《吳忠信日記》）。

《吳忠信日記》部分內容，例如《西藏紀遊》、《西藏紀要》以及《吳忠信主新日記》曾先後出版，披露其在1933年經英印入藏辦理達賴喇嘛坐床大典以及1944年出任新疆省政府主席之過程，其餘日記內容大多未經公開。現在透過民國歷史文化學社的努力，將該批日記現存部分，重新打字、校訂出版，以饗學界。這批日記的出版，足以開拓民國史研究的新視角。

（一）蔣吳情誼

蔣中正與吳忠信的情誼在日記中處處可見。除眾所周知的託其就近關照蔣緯國及姚冶誠一事外，蔣中正派任吳忠信為地方首長的背後，也有藉信賴之人，安頓地方、居間調處的考量。如吳忠信於1935年4月派為貴州省政府主席，原以江南為實力基礎的南京國民政府，得以將其力量延伸入西南，在當地推展教育與交通等基

礎建設，並透過吳忠信居間溝通協調南京與桂系關係，從日記中經常記述與桂系來人談話可見一斑。而陳誠此時以追剿為名，率中央軍進入貴州，在吳忠信與陳誠兩人通力合作之下，加強中央對貴州的掌控，為未來抗戰的後方準備奠立基礎。又如吳忠信於抗戰末期接掌新疆省務，以中央委派之姿取代盛世才為新疆省政府主席，一改「新疆王」盛世才當政時的高壓政策，採取懷柔態度，釋放羈押的漢、維人士，並派員宣撫南疆，圖使新疆親近中央，這都得是在蔣中正對吳忠信的高度信任下，才能主導的。當蔣中正於 1949 年 1 月下野，李宗仁代總統時，吳忠信居間穿梭蔣中正、李宗仁二人之間，由是可見吳忠信在二人心中的特殊地位。直至蔣中正於 1950 年 3 月 1 日「復行視事」，每個布局幾乎都有吳忠信的角色存在。

（二）蒙藏邊政

　　吳忠信長年擔任蒙藏委員會主任委員，關於邊疆問題的觀點與處置，也是《吳忠信日記》極具參考價值的部分。吳忠信掌理蒙藏委員會，恰於全面抗戰爆發前至抗戰末期，在邊政的處置上，期盼蒙、藏、維等邊疆少數民族能在日敵當前的情況下，親近中央、維持穩定。針對蒙藏，吳忠信各有安排，如將蒙古族珍視的成吉思汗陵墓遷移蘭州，以免日敵利用此一象徵的用心。對於藏政，則透過協助班禪移靈回藏（1937 年）、達賴坐床大典（1940 年 2 月）等重要活動，維護中央權威，避免西藏藉英國支持而逐漸脫離中央掌控。1940 年 5 月於拉薩設置蒙藏委員會駐藏辦事處是最成功的宣示，

力採「團結蒙古、安定西藏」的策略，穩定邊陲。吳忠信親身參與、接觸的人面廣泛，對於邊事的觀察與品評，值得讀者深思推敲。

（三）貫穿民國史的觀察

　　長達 34 年的《吳忠信日記》，貫穿了國民政府自北伐統一、訓政建國、抗日戰爭到國共內戰，以及政府遷台初期的幾個重要階段。透過吳忠信得以貼近觀察各階段的施政重心與處置辦法，以個人史或是生活史的角度，觀察黨政要員在這些動盪之中的處境、心境與動態。更能搭配其他同樣經歷人士的紀錄，相互佐證。

三、日記所見的個人特質

　　日記撰述，能見記主公私生活，從中探知其性格與思維，就日記的內容來分析，或許能得知吳忠信的個人特質。

（一）愛家重情

　　吳忠信的愛家與重情，有兩個層面，一是對於家族的關懷，一是對於鄉誼、政誼的看重。家人一直都是他的牽絆與記掛，他與正室王惟仁於 1906 年結婚，卻膝下無子。在惟仁的寬宏下，年四十迎娶側室湘君，1926年初得長女馴叔，嘗到為人父的喜悅。爾後湘君又生長子申叔，使得吳家有後，但沒過多久，湘君竟因肺炎撒手人寰，年方二十五，使得吳忠信數日皆傷心欲絕，在日記中曾寫道：「自伊去後，時刻難忘。每一念及，不知所從。」（1932.12.31《吳忠信日記》）爾後吳忠信經常前往湘君墳上流連，一解思念之情。湘君故後，吳

忠信又迎娶麗君（後改名麗安），生了庸叔、光叔兩
子。不過吳忠信與麗安感情不睦，經常爭執，在日記中
多次記下此事的煩擾。吳忠信重視子女教育，抗戰勝利
後，馴叔赴美求學，嫁給同樣赴美、專攻數量經濟學的
林少宮，生下了外孫，讓吳忠信相當高興。1954 年，
或因聽聞林少宮將攜家帶眷離美赴大陸，吳忠信並不贊
成，不斷去函馴叔勸其留在美國，如果一定要離開，也
務必來台。同年 8 月 6 日，吳忠信獲悉馴叔一家已經離
開美國，不知所蹤，從此以後，日記鮮少提到這個疼愛
的女兒。這一年年末在日記的總結寫道：「最煩神是
子女問題，尤其家事真是一言難盡。」表現出心中的
苦悶。

吳忠信相當看重安徽同鄉，安徽從政前輩中最敬重
的要屬北京政府國務總理段祺瑞，兩人政治立場並不相
容，但鄉誼仍重。吳忠信自段祺瑞移居上海後，經常從
蘇州前往探望，段祺瑞身故時，也親往弔祭。對於同
鄉後進，無論是在政界或是學界，多所關照，願意接
見、培養或是推介，因此深為鄉里所敬重。如 1939 年
在段祺瑞女婿奚東曙的引介下，會晤出身安徽舒城的孫
立人，在當天的日記中寫道：「〔孫立人〕清華大學畢
業後，赴美國學陸軍，八一三上海抗日之後，身負重
傷，勇敢可佩。此人頭腦清楚，知識豐富，本省後起之
秀。」（1939.9.28《吳忠信日記》）頗為欣賞。或許是
命運的作弄，當 1955 年爆發郭廷亮匪諜案時，吳忠信
恰為九人調查委員會的一員，於公不能不辦，但於私仍
同情孫立人的處境，認為他「一生戎馬，功在黨國，得

此結果，內心之苦痛，可以想見，我亦不願多言，是非曲直留待歷史批評」。

　　吳忠信同樣在乎的還有政誼，盡力多方關照共事的同事。如羅良鑑不僅是他生活的良伴，也是與他同任安徽省政府委員的至交，兩人都在蘇州購地造園，經常往來。爾後，吳忠信主政安徽省、貴州省與蒙藏委員會時，羅良鑑都是他的左右手，離任蒙藏委員會時，更推薦羅良鑑繼任。1948 年 12 月 21 日，羅良鑑夫婦自上海前往香港，飛機失事罹難，隔年骨灰歸葬蘇州。吳忠信在蔣、李兩方居間穿梭繁忙之際，特地回到蘇州參加喪禮，深為數十年好友之失而悲痛，可看出吳忠信個人重情、真誠的一面。

（二）做人做事有志氣有宗旨

　　吳忠信曾經在 1939 年元旦的自勉中，自述「余以為做人做事，必有志氣，有宗旨，然後盡力以赴，始可有成。」另亦述及「自入同盟會、中華革命黨而迄于今，未敢稍渝此旨。至以處人論，則一秉真誠，不事欺飾，對於人我分際之間，亦嘗三致意焉。」這是他向來自持的。就與蔣中正的關係而論，自詡亦掌握此一原則，他在同日又記下：「余與蔣相處，民十五後可分三個階段，由十六年起至十八春出洋止，以革命黨同志精神處之；由十九年遊歐美歸國起至二十一年任安徽省主席以前止，則以朋友方式處之；由安徽主席起以至于今，則以部屬方式處之。比年服務中樞，余于本身職掌外，少所建議，于少數交遊外，少所往還，良以分際既殊，其相處之標準，不可不因之而異也。余在過去十二

年來，因持有上述之宗旨與標準，故對國事，如在滬、在平、在皖、在黔及目前之在蒙藏委員會，均能振刷調整，略有建樹，絲毫未之貽誤；對友人如過去之與蔣，雖交誼深厚，然他人則與之誤會叢生，而余仍能保持此種良好關係，感情日有增進，而毫無芥蒂。……即無論國家之情勢若何，當一本過去，對國竭其忠、對友竭其力，如此而已。概括言之：即「救國」、「助友」兩大方針是也。」

由此可知，在吳忠信待人之原則，必先確認兩人之關係，進而以身分為斷，調整相待之禮。他長時間服務公職，練就出一套為公不私的原則，經常在日記中自記用人、薦人之大公無私，此亦為其「救國」、「助友」之顯現，常以「天理、國法、人情」與來者共勉。

四、結語

吳忠信於公歷任軍政要職，於私是家族中的支柱。公私奔忙之餘，園藝之樂，或許才是他的最愛。他常在一手規劃的蘇州庭園裡，親自修剪、坌土，手植的紫藤、楓樹、柳樹、紅梅、白梅等在園中，隨著季節的變化而映放姿彩，園林美景是他內心的慰藉。吳忠信1949年回蘇州參加羅良鑑夫婦葬禮後，短暫地回到自宅園林，感嘆地寫道：「園中紅梅業已開散，白梅尚在開放，香味怡人。果能時局平定，余能常住此園以養殘年，余願足矣。」（1949.2.21《吳忠信日記》）可惜，這是他最後一次回到蘇州，之後再無重返機會，願與天違。

　　這份與民國史事有補闕作用的《吳忠信日記》並非全出於其個人手筆，部分內容為下屬或親屬經其口述謄寫而成。1940 年，他就提到：「余自入藏以來，身體時常不適，且事務紛繁，日記不時中斷，故託纘薇兄代記，國書姪代繕。」（1940.1.23《吳忠信日記》）且在記述中，也有於當日日記之末，囑咐某一段落應增添某公文，或是某電文的文字，或可見其在撰述日記之時，便有日後公諸於世的預想。或許是如此，吳忠信在撰寫日記時，不乏為自己的行動辯白，或是對他人、事件之品評有所保留的情況，此或許是利用此份日記時須加以留意的地方。

編輯凡例

一、 本社出版吳忠信日記，起自 1926 年，終至 1959
年，共 34 年。其中 1926 年日記為當年簡記，兼
錄 1951 年補述版本；1937 年至 1938 年於太平洋
戰爭爆發後，其家人逃離香港時焚毀，僅有補述
版本。

二、 古字、罕用字、簡字、通同字，在不影響文意
下，改以現行字標示。

三、 日記中原留空白部分，以□表示；難以辨識字
體，以■表示。編註以【】標示。

四、 吳忠信於書寫時，人名、地名、譯名多有使用同
音異字、近音字，恕不一一標註、修改。但有少
數人名不屬此類，為當事人改名者，如麗君改名
麗安、曾小魯改名曾少魯等情形，特此說明。

目錄

1943 年

1943 年（民國 32 年）　60 歲

1月1日　星期五
卅二年治邊工作之展望

　　民國三十一年又離吾人而去，三十二年即從今開始。歲月匆匆，不禁令人有白駒過隙之感，即時努力，勿任光陰之之虛擲，此後尤應深自惕勵。自余主持蒙藏行政以來，瞬已六年有半，而於接任之次年即發生抗戰，故五年有半均屬于抗戰時期，邊疆問題亦隨軍事之發展而日趨重要。在此數年中，余雖已盡其最大努力，然尚未能達到理想之境地，茲當三十二年度開始之際，同盟國及我抗日軍事均漸臻好轉，特對治邊工作更略誌數語，為此一年中推進方針。憶自抗戰之初，余即以團結蒙古、安定西藏為治邊原則，數載以還，頗收效果。二十八年入藏主持達賴轉世，收回對藏之宗主權；三十年冬考察甘、寧、青黨政工作；三十一年夏隨從總裁復往西北，並至新疆，調整各省軍事關係，視察蒙旗情況，尤為改善邊事之顯著事實。現今雖已年屆六十，但身體強健、精神振奮，尚有可為，而又得總裁之愛護、中央之信任、邊疆各省之尊重、社會各方之優視，復居邊政之首要地位，數載經驗，邊事亦相當熟悉。余既具備種種優越條件，嗣後實更應積極努力，以貢獻黨國。昨年（三十一年）余在蘭州曾向總裁建議，建設甘肅、穩定寧青、鞏固西康、控制西藏、調整新疆、溝通外蒙之六項籌邊原則，總裁深以為然，繼後設施亦多與此吻合。現除溝通外蒙一項著手較難外，其他各項均在推進

中矣。曠觀目前環境，西北建設已為各方所注意，本會
職責仍重在鞏固西康、控制西藏兩項，此一年度擬即以
此為依據，益求進展。具體言之：

（一）積極佈置青、康兩省軍事。

（二）派員赴藏宣慰，以期藏方覺悟。

（三）外交上相機建議解決英人對藏事之干涉（設立
　　　駐藏辦事長官）。

至於會內之各種業務，亦應積極推進，綜其要領，約有
三事：

（1）健全人事機構及法令。

（2）屬行考核，並注意人才之延拔與訓練。

（3）加緊學術研究，並對邊政各部門多方設計。

以上所述為此一年中本會對外對內之重要方針，如能
一一實現，則對黨國、對個人可謂無愧，而會內同事之
精神，亦得賴以振刷。惟事實上變化無窮，將來能否如
吾人之所預期，只有待時間以證明之耳。

　　　三十二年元旦日，自早至晚太陽當空，氣象光昌，
為重慶霧季最難得之良好天氣。上午九時林主席、蔣委
員長、中央各委員、國府各委員、各部會長官、各機關
代表，五百餘人齊集國民政府空地上，向東遙拜先總
理陵墓後，再集大禮堂舉行中樞元旦慶典。林主席領導
行禮，即席致訓，大意加緊建國工作，加緊打擊敵人。
詞畢，舉行團拜，全體首向蔣總裁、林主席三鞠躬致
敬，文、武官相互鞠躬，禮節甚為隆重。本日街頭國旗
飄揚，人如潮湧，頗現太平景象。更就國際戰場形勢觀
之，本年同盟國必定反攻是無疑問的，而勝利亦是一定

的，若再能運用國際發生其他變化，則戰事當可結束。陳果夫、陳立夫、吳國楨、葉元龍、朱仲翔、鄭亦同諸兄來拜年（約廿餘人）。襄叔、馴叔學校放假，三天均來平莊過年。

1月2日　星期六

上午軍事委員會西昌行轅張主任篤倫來晤，談西康軍事、政治。他以西康劉主席尚未能認清現時環境及抗戰前途，因此不能澈底覺悟，吾人應設法運用，以盡公私之誼云。余答云，余與劉主席對藏主張最終目的是一樣，不過方法與緩急稍有不同耳。午後海外部長劉維熾及陳伯南、林一中諸兄來拜年。劉與孫哲生兄是老朋友，關係密切，此次與余談話，都是聯絡感情。余表示隨先總理革命有年，關係甚深，雖與哲生少往來，但因總理關係，就是與哲生之關係也。陳伯南兄談他昨年由香港脫險之經過，以及沿途吃苦之情形，此種冒險之精神，令人可佩。

1月3日　星期日

襄叔、馴叔放年暇三日，今日回校。蘇聯各線戰事均勝利，德軍廿餘師在斯特林格勒被包圍，蘇軍趁勝即將反攻斯模林斯克。德軍政略、戰略均失敗，對蘇戰事是無法挽回的。現在同盟軍應準備反攻，在中國之雲南及印度要加強防務，在北非應從速肅清，進攻歐陸，在太平洋上應鞏固防線，勿使敵人再有進展。

1月4日　星期一

　　上午九時參加中央紀念週，出席國防最高會議。據外交當局報告，最近將與英、美簽定取消在華特權後之新約，其內容如租界地駐兵權、領事裁判權、內河航行權等等特權，一律取消。惟九龍租界地，英國不肯放棄，中國亦不肯讓步，結果保留以後續談云云。至英印在西藏之特權，尤其是駐兵一字未提，但余早經向總裁及外交部建議併案談判，但既不提出，余只有遵照政府方針，暫不有所表示也。目前中國居亞洲大陸抗日重要地位，英國社會一般人心亟盼與中國密切合作，並希望很快的取消在華特權，表示好感。吾人若不趁英國人心向我之時，澈底解決中英較難問題之西藏，與九龍、香港等等國恥，若待戰後與之談判，吾敢斷言，英國決不放鬆，是毫無疑問的。晚六時招待新疆財政廳長彭吉元兄、綏遠省黨部委員趙仲容兄晚餐，並以方希孔、陳訪先等作陪，散後又應于院長約。

1月5日　星期二

　　上午九時出席行政院會議。劉主席自乾來電，對于對藏布置軍事，已電總裁遵辦，並派參謀長來渝洽商。午後偕麗安訪白健生夫婦，白夫人新由桂林來渝。上月廿五日起，敵人向大別山蠢動，黃梅、廣濟、麻城、英山等縣先後失陷，潛山、太湖失而後得，至推測敵人此次行動不外：（1）破壞我們經濟建設；（2）攻佔安徽省政府之所在地之立煌縣，聞敵已竄入立煌縣，發生巷戰，預計立煌縣已淪陷矣。

1月6日　星期三

　　上午九時會晤中央最近發表之新疆省黨部委員黃如今、林伯雅等，其一同前往約廿餘人，關係新疆黨務至重且鉅。余談話大意：（1）以身作則，和衷共濟；（2）新疆民族複雜，應一視同仁，不可說同化等等一派舊話；（3）黨的方面，應取漸進方式，先將基礎堅穩，以少批評為原則；（4）一切應求穩妥，個人應少說話、少出風頭，以免人家誤會。午後陳芷汀兄來訪，痛論近年來邊疆之得失，以及中央待遇邊人過于優厚，且步調大亂。其所見與余十分吻合，可謂澈底明瞭邊情者也。

1月7日　星期四

　　午後訪駐蘇大使邵力子兄，他說蘇聯志在和平建設，無侵略野心，討小便宜意思或者有之。以現在環境及推測，將來蘇聯是必須中國合作的，至蘇日戰爭遲早是要發生的。

記張任民與曹齊彬女士接婚事

　　前晚六時，招待張任民兄與其新夫人曹齊彬女士便餐。曹女士河北人，留學日本，返國服務戰地，因案被羈，經張任民兄援釋，張旋生念愛。于卅年秋曹懷孕，至香港待娩，不久舉一男。而港戰爆發，卅一年春，曹與吾家眷同程脫險到桂，惟張已有兩位夫人，發生家庭風潮。張嘗謂，曹曰若不得汝，惟一死耳。卅一年十二月一日，張毅然登報與曹正式結婚，翌日張之二夫人登報否認該項婚約，而曹女士自負甚高，並不愛張，局勢

所迫，免為其難耳。觀曹談吐舉動，知係出身舊禮教之
家庭，而明事理、重理智，有鬚眉風。若張以一介武夫
感情用事，兩人秉性與環境迥異，安能締成良偶。今之
結婚，乃張片面之示惠而已，曹之內心苦悶，將歷久而
不減。如此孽緣，在張則影響張事業甚鉅，在曹則一面
可以說是天命，一面亦可說曹女士是時代犧牲者。吾為
曹女士嘆惜。

1月8日　星期五

當今中央對邊疆同胞之待遇優厚，無以復加。蓋過于
優待，徒使邊人養尊處優，形成特殊地位，重蹈昔日羈縻
覆轍。就中央本身言是不應該，而邊人之明大理者，亦
必不甘接受。魯侯愛鳥，適足以害之，斯之謂也。

記與邵力子兄談中蘇關係

昨日午後訪駐蘇大使邵力子兄。據邵云蘇聯如能敗
德，即將轉而攻日，蘇聯從事和平建設，無侵略他人土
地之意，且極欲與中華民族合作。余乃告以我國土地廣
大，亦無侵人之心，目前我國以先總理之三民主義為建
國目標，而蔣總裁繼承先總理遺志，領導全民抗戰，其
造就黨政軍之各項勢力極為優厚，必能垂諸永久。且蘇
聯有史塔林領導抗戰，其造就之黨政軍力量亦可經久不
變，故此兩大國族以及兩大領袖，尤宜緊緊攜手，以謀
締立互不侵犯、永久和平之條約。邵氏聞之深表同情。

1月9日　星期六

會晤外交部常務次長胡世澤兄。胡浙江人，新由美

國回國任外次。又會晤薛桂輪兄（號志伊），無錫人，留學美國，礦務專家，在東三省辦礦多年，三省情形十分熟習，曾到過新疆，于邊事亦多研究。

有關邊務機關之會報

中央有關黨政軍機關會報會議，第二次會例由本會招集，特于午後四時舉行，余親自主席，計到中央黨部、行政院、軍有委員會等十七個單位。首由余略致簡開會詞，繼由各單位報告工作，末由余略表意見如下：

（1）現在邊疆各省區一致內向，服從主義，擁護領袖，而中央有關邊務各機關亦能切取聯繫，更能日漸明白邊務情形。此種邊政內外大好轉，是近數十年來所罕有。

（2）關于中央有關機關派員到邊疆服務事，有即須派遣者、有須稍緩者、有可派可不派者。遇此情況，則只要一個機關派員，其他機關託其代辦業務，能如此，金錢與人力均可節省，而業務亦可推進，誠一舉兩得也。

（3）蒙藏委員會是管理邊政機關，姑舉一例，如平地造屋，本會先去平地，各機關後去造屋。蓋平地是政治，造屋是技術。

六時散會，留便飯。

1 月 10 日　星期日

午後會晤第二十軍軍長楊漢域兄，他是楊子惠部屬，三次參加湘北大戰，功在黨國，此次來渝受訓。晚七時約孫本戎（號良翰）便飯，以許公武、李子寬、俞

子厚、王芬庭等作陪。孫與余係于八、九年時在閩粵舊同事，孫曾任司令、旅長等職，與許汝為兄關係最為密切。此次由閩來渝，擬另謀工作，託余向總裁進言。

記日本取消領事裁判權

南京汪組織與日本于一月九日在南京簽訂日華共同協定，同時南京對英、美宣戰，日本歸還在華租界及共同租界，撤除治外法權，惟歸還租界後，中國應放棄自國領域（就是准日本人在中國領土雜居）。至內河航行權、駐兵權等特權，以及東三省問題，均未提及。

我同盟國之英、美，去秋即宣佈廢除在華特權，迄今仍未具體簽字，而日本反先著一鞭，立即簽字。英、美如此落人之後，誠不智也。

1月11日　星期一

上午九時參加中央紀念週，後出席中央常會。外交部宋部長報告與英、美兩國談判廢除在華特權之經過，並決定于本日在重慶、華盛頓兩地簽字，經常會討論，決議照辦，其內容將租界地及領事裁判權、內河航行權，以及辛丑條約駐兵等特權，一律廢除。此次中英、中美新約之締成，解除中國百年束縛之恥辱，開中外關係史上光明的新頁，亦是我們抗戰軍民流血之收穫。惟九龍租界地保留、西藏問題不提，真是美中不足耳，尤以在日本之後簽字，更可惜耳。

1月12日　星期二

上午九時出席行政院會議，討論有關生活例案數

件，歸納言之，不外鬧窮而已。並決議駐蘇大使邵力子辭職照準，遺缺特任傅秉常繼任，傅曾任外交部政務次長，相當穩妥。午後回鄉。

1月13日　星期三

上午看國書病，據云近一月來較有進步，熱度于前數日已退清，嗣因稍起坐又上漲，預料日間當仍可下退。余告以用精神治療法，一切要看得開、拿得起、放得下，對于人生哲學，更要認識清楚，凡事有犧牲精神，然後可不犧牲。他深為然。午十二時約葉偉珍兄便飯，他在河南辦學，日前來渝，向教育部報告校務。

1月14日　星期四

上午視察本會各處室，內務尚屬整齊清潔，工作亦尚努力，甚為欣慰。

1月15日　星期五

近年來物價高漲，余個人生活尚可支持，今則大感困難。三十一年度用去將二十萬元（連麗安等由香港脫險用款在內），歷年餘存至此告罄。余一生廉潔，世所共知，今後生活正不知何以為計，籌思再四，只有整理當塗數百畝田產之一法。託何人前往，頗費考慮。

1月16日　星期六

老同學、老朋友張叔怡兄，抗戰軍興，逃難來渝，嗣因生活無法維持，偕其夫人等冒險回江蘇原籍。頃得

其女婿趙克定君來函，知叔怡兄赴江北興化縣收租，于農曆九月初二日，在距興化城八里途中為土匪謀財害命。嗚呼，以叔怡兄之道德文學，為何竟遭此大禍，豈真天命使然乎？吾為之感慨痛弔不已者也。

1月17日　星期日

國書病日前已好轉，近忽熱度增高，咳嗽加重，痰中帶血。就一般病狀而論，未可樂觀。

1月18日　星期一

上午九時主持本會紀念週，並作簡單訓話，再由昆田報告第十四輩達賴轉世坐床大典之經過。

1月19日　星期二

本日行政院會議由副委員長出席。余在鄉會辦公，目前主要工作就是解決西藏問題。

1月20日　星期三

國書病日重一日，已入危險階段，熱度已至一百零三度以外，口胃既倒，時有嘔吐。此肺病所最忌者，就余觀察，很少挽救良方，奈何、奈何。會計室主任何著青兄因年老體弱，擬辭職回皖，請余介紹皖省府。但余自李鶴齡主皖以來，從未介紹一人，但以著青生活關係，只得破例。

1月21日　星期四

　　戴雲生兄昨日來晤，今午約便飯，著青、氣鍾、小魯、昆田等陪。雲生心氣和平，文字甚佳，為吾鄉不可多得之才。余任貴州主席時，雲生民政廳主任秘書，嗣在衛立煌（俊如）幕中任機要秘書，昨年隨俊如一同下野，在城都陪伴俊如讀書，此次到渝來鄉見面。余告雲生曰，俊如昨年下野，其最大毛病就是自己以為本事很大，更以某黨他有辦法，因此引起誤會，現在應設法將此誤會消除，自然東山再起。但目前俊如自處之道，最緊要是澹泊，其次不可發牢騷，以免誤會上再加誤會也。余因俊如隨余革命有年，故始終期其上進，又因雲生兄談及俊如之環境，特坦白予以忠言。

1月22日　星期五

　　曹纕蘅兄陪同西康劉主席參謀長伍培元兄來鄉會晤，留午餐。伍參謀長是劉主席女婿，此次奉劉命來渝晉謁當局請示。據云劉主席決定奉命布置對藏軍事完成任務，關于服裝、給養、武器請求中央補助，託余向當局進言云云。現在西康既遵令出兵，關于必需之請求，自應于以核准，當即允予日內進城，代為說項。

1月23日　星期六

　　昨、今兩日上午分別接見本會科員、專員、編譯員四十餘人，詳詢各人工作情形，並加以指示。午後偕昆田、申叔進城，過南開看馴叔。申叔已在高小六年級畢業，本應繼續入中學，惟因其身體屢弱，且實足年齡

亦只十一歲，故擬令其在家休息半年，請昆田、兆麟隨
時予以補習。如半年身體仍不能強健，即繼續休息一年
再入中學，亦未為晚。余對申叔讀書精進，性質和平，
做事說話有條理，十分歡慰。外交宋部長子文為慶祝中
美、中英簽訂新約，特于今日下午四時假軍事委員會舉
行茶會，余應邀準時參加，並約國立歌劇學校表演國劇
古城記，以娛來賓。計到中外各界四百餘人，蹡蹡一
堂，極一時之盛。至七時許散會。

1月24日　星期日

晨間得鄉會電話，昨日國書熱度一百○四度二，病
勢日趨危險，深為可憂。午後電話，小便不通。

1月25日　星期一

上午九時參加中央紀念週，後出席中央常務會議。
午後訪陳光甫兄，暢談年老休養之道。會晤中央通信社
貴陽分社主任蕭蔚民君。蕭于余任貴主席時一同至貴
陽，余見其精明強幹，特向總社建議在貴陽組織分社之
要，並推蕭任主任，果數年來，業務十分進步。

1月26日　星期二

上午九時出席行政院會議。據軍事報告後研究日本
今後戰略，一說南進侵印、一說北進攻蘇。就余研究南
進較易，北進較難，其理由，現在印度是盟軍弱點，可
利用印度獨立、民族自覺等口號相號召，攻印度即可
鞏固緬甸、馬來，更可加強封鎖中國空中之接濟。如若

攻新勝德軍之蘇聯，尚非其時，且蘇聯在西北利亞素來
駐有強大部隊，攻必犧牲。毫無疑問的，倘若為貫撤大
陸政策，及盡對軸心國之義務，則只有攻蘇，或暫取守
勢消化所得，亦辦法之一，抑或進攻中國，縮小包圍。
十二時約蕭蔚民、毛百屏等午餐。

1 月 27 日　星期三

　　中央駐印度軍師長孫立人君來訪，孫前次在緬甸作
戰，建立奇功，並救援英軍一師，揚威國外，為國爭
光，且孫是本省後進，更使余十分佩慰。英王以孫援救
英軍，功勳卓著，特頒勳章紀功。接見凌純聲君、張稚
琴君。查純聲國立西南聯大教授，素習人類學，對于邊
疆問題亦頗具研究。張稚琴安徽人，桂林力報社長，該
報係稚琴個人創辦。

1 月 28 日　星期四

　　上午十一時應何參謀總長約，討論接濟西康劉主席
請求康軍裝備、給養、武器等問題，出席何參謀長、徐
軍令部長及該部劉、林兩次長。余曰，劉主席既有決
心，軍隊、給養、服裝、武器確是困難，中央應補助。
何總長曰，城都張主席電話，劉主席日間到蓉，擬與商
談思想、禁煙以及西昌、雅安一帶撤防三大政治問題，
因此討論良久，主張一面研究補充、一面待城都會談消
息。余並云，相信劉氏就應補助，否則作罷，只有此兩
途可尋。何總長云，倘補充後發生變化，如之何？余
曰，倘劉氏對于中央三大政治問題完全答應，中央予以

補充後，再生變化，又將如之何？何曰，你們辦政治與
我們辦軍事方法是不同的。余曰，變更心理是一件最重
要的事。最後徐部長云，很希望余向劉主席進言，如青
海馬主席無條件擁護中央。至十二時半散會。查西康政
局本來複雜，余昨年約冷廳長來渝，原擬用簡單方法調
整，今則將在城都開會商談，誠恐複雜上再加複雜，其
結果如何，殊難預料，或儘入于停頓態勢。若然，則與
余最初動念對藏作用，不免大受影響也。午十二時約孫
師長立人午餐，以郭寄嶠夫婦及東曙等作陪。

迎接虛雲老法師

　　九十三叟虛雲老法師今日（廿八）午後偕陳靄士先
生來訪，如此年高有德老人親臨本宅，真正是不敢當，
只得三揖歡迎，聊表愚誠。並向老人曰，余對于國家社
會心願未了，一俟完成後，即當親近老法師云云。意在
數年內完了心願，歸依老法師，緣余雖信佛，但素未歸
依任何高僧、任何活佛、喇嘛，甚望此老人待我數年。

1月29日　星期五

　　兼行政院長蔣總裁于上午十一時，在官邸召集行政
院各部會長官開會檢討工作，余準時出席。總裁指示甚
多，另有記錄，其中最要者，如各部會長官應決定政策
及中心工作，其他如提拔人才、造就人才，歷一小時
之久。後由各長官依次報告，遂即午飯，繼續報告。時
至二時，尚有一半長官未報，宣告散會，下次再開會報
告。晚六時應三民主義青年團張書記長文白晚餐會，到
二百餘人，並有國劇以助興，十一時半散會。

1 月 30 日　星期六

申叔傷風已一星期，咳嗽痰多，是他的宿疾。兩次請萬醫診治，日間當可痊愈。約西康伍參謀培元晚餐，以鄧鳴階、陸美侖、劉石庵等作陪。

1 月 31 日　星期日

上午會客，計會王寄一、王則鼎、邵力子、薛桂輪數人。與力子談蘇聯政治及國際形勢，與夫人生哲學，約二小時之久，留便飯。午後請國醫名手林業農（號子鶴）研究申叔病源，據診斷胃寒氣弱。接見青海顧問朵含章，奉馬主席命來渝，請領軍隊各種必需器材，託余幫忙。

2月1日　星期一

上午九時參加中央紀念週，後出席國防最高會議。午後出席旅渝同鄉會救災委員會，募款救濟此次兵災。接鄉會電話，昨夜十一時張秘書國書家有數盜匪闖入搶劫，用人受傷，繼雅女士手背擊青，正危急時，適巡夜警兵路過，警、盜開槍互擊，盜匪逃散。查張家距本會及永興場均不過里許，盡出此傷人搶物案，殊屬不成事體，後患何堪設想，余當請負治安之責者嚴加追緝。

2月2日　星期二

上午九時出席行政院會議。據軍事當局報告，蘇聯在斯特林格勒大獲勝利，德軍廿二個師被蘇軍消滅（計卅二萬人或亡或俘，內將官十六人被俘），收繳飛機七百架，機關槍七千架，大炮六、七百門，其他步槍、唐克車及交通通信工具等為數甚夥，德軍士氣大傷，不易恢復。此戰是決定德蘇勝負之戰，亦是世界戰爭史上有名之戰，德軍失去主動，而擊破大英帝國已成夢想。倘國際沒有其他變化，同盟軍勝利是毫無疑問的。

2月3日　星期三

昨午後偕襄叔、馴叔、申叔回鄉過舊年。上午接見綏遠土默特旗總管榮祥，並約午餐，以趙副委員長等作陪。榮此次由榆林來渝述職，並報告綏境蒙政會工作。國書病日前大反動，現稍穩定，他自云素抱舊曆過年可以起床之信念，今則失望，擬俟熱度稍低再進醫院。以國書祖宗、父母均是仁厚傳家，國書或可轉危為安。

2 月 4 日　星期四

　　今日陰曆大除夕，文叔在城，因事未及趕回外方
（明日回來），襄、馴、申、庸、光姪兒輩均在家中過
年。回想昨年大除夕，麗安母子等正由香港脫險，顛沛
路途中，十分惦念，今則全家團聚，十分快慰。尤以襄
叔、馴叔按期升學，申叔高小畢業，庸叔考取小學四年
級下學期，光叔小學一年級年終大考第一名，姪兒輩讀
書均能用功，十分歡喜。能得以上快慰與歡喜，都是上
帝保佑之所致，亦是惟仁夫人念佛之收穫也。

2 月 5 日　星期五

自我檢討

　　余一生經過之事甚多，而失敗之事不多，但一生無
仇人，反而得人信用，並以每次下野，復起較前更有進
步，此何故也。乃靜坐細思，深覺一生本良心與人格，
為國家社會服務，又隨時隨地力求知識之進步，故得未
誤國家、未欺社會。茲歸納過去之經驗，與夫近數年治
理邊事之心得，作一辦事之結論如下：

第一、宗旨：光明正大，合乎情理。

第二、研究：盡力竭力，勿涉草率。

第三、精神：確實負責，不失時機。

　　凡能照以上三項做人做事，纔能有大無畏精神，纔
能負國家大責重任，萬一失利，必可心安理得，何況繼
續努力，仍可達最後勝利乎。

2月6日　星期六

記方秘書家巽病故

昨夜天寒降雪。今晨曾處長小魯來見，報告本會簡任秘書方家巽君，已于昨晚六時忽發腦沖血，很短時間去世。方君昨日上午尚來余處賀春節，未料不隔日竟遭此大變，殊深悼惜。蓋自余接管本會之初，方君任科員，未久即擢升為科長，嗣又升為簡任秘書。由科員不數年而提升為簡任，在本會是創舉，即在中央各部會亦是少有之事。余以為方君是人才，特破格提升，亦是余用人大公無私。方君平日對于工作極負責任，素守時間，人皆以標準公務員稱之。正期其為國效勞，發展其長，何天不假年，遭此惡遇，為公為私，皆是重大損失，誠大不幸也。當即派少魯等為之辦理後事。

2月7日　星期日

午後偕方、文、襄、馴、申諸姪兒女進城。張文白兄夫婦來賀春節。昨日大雪。

2月8日　星期一

上午九時參加中央紀念，後出席中央學務會議。

2月9日　星期二

上午九時出席行政院會議。

記德軍敗衄

德軍卅萬覆滅史達林格勒城，元帥鮑盧斯、將軍施密特等作蘇聯階下囚，南路蘇軍刻已進薄羅斯多夫。德

政府命令德國人民為史城敗衄誌哀，柏林廣播消息承
認首次遭遇完全之挫衄，承認空前勝利的三年業已過
去，承認錯誤估計蘇聯力量。總之，德攻蘇既錯誤于
政略，再誤于戰略，故有此結果，但德軍主力尚在，
不可輕視也。

2 月 10 日　　星期三

　　凡做事雖有赫赫之功，最好不居赫赫之名，倘無功
而爭，居赫赫之名，未有不招禍患者。應明老子功成弗
居之道。

2 月 11 日　　星期四

亂世做人

　　亂世做人真不易，大都不是說是非，就是說恩怨，
專爭私人權利，不負公家責任，以致君子道消，小人道
長。余有見于此，抱定不出風頭，不輕于得罪人，更不
求見好于人，用很自然方式處世接物，度過此亂世難
關。午後訪陳光甫兄，據云今年經濟尚可，免強過去，
明年確是為難。應張任民夫婦晚餐，彼等明日回桂。彼
等于舊曆年節送余磁器等禮品，余特回送白藏羔皮袍一
件。任民回桂仍任綏署參謀長。

2 月 12 日　　星期五

　　馴叔寒暇已滿，今晨回南開學校。下學期學、膳等
費計一千六百餘元，在抗戰前，不過百元而已。

2月13日　星期六

申叔雖擬休息一學期再考中學，但為考試中學經驗計，本日應國立第九中學招生考試。據申云各項均在八十分以上，有考取之希望，聞之欣慰。

2月14日　星期日

新升任第六戰區孫司令長官連仲昨日來謁，今晨特回拜。又訪新由印度回來羅司令卓英（尤青），據云印度軍事較一年前穩固，其判斷敵方戰略與余大致相同。

2月15日　星期一

上午九時參加中央紀念週，後出席國防最高會議，討論救濟教職員及公務員子女讀書案，皆以牽動預算太大，暫從緩議。午後到故友蔣雨岩先生家慰問其夫人及其男女公子。蔣夫人于本月八日產生一女，現在尚未能起床，見余至，不免悲傷，情殊可憫，余予以安慰。訪陳伯蘭、孫良翰諸君。

2月16日　星期二

上午九時出席行政院會議。本擬午後回鄉，忽因申叔頭暈，未能成行。申叔近二、三日覺頭部小暈，未加注意，致今日之暈甚巨。當即請萬友竹醫生診治，據云是貧血症，惟血壓尚佳，尚無大礙。余觀察血是不足，而平日讀書用功，以及最近高小畢業考試、中學考試用功太過，亦是緣因之一，茲決定令其嚴格休養。午後接見余組長德（號平遠），他現在侍從第一處管理軍事，

與我暢談邊疆政治、軍事。

2 月 17 日　　星期三

申叔頭暈稍愈,未能起床。方秘書家巽今晨出殯,未能趕回參加典禮,甚歉。

記駐藏孔處長內調

西藏受敵人測動、英人作祟,拒測中印公路,擅設外務局,更毆辱漢人,及縱警衝擾駐藏辦事處,種種不法行為,可惡以極。孔處長駐藏三年以來,小心謹慎,人所共知,而西藏反對孔個人,完全是反對中央之作用。茲孔來電請求內調,擬即照准。其理由:

(1) 表示對藏諉曲求全,希望打開漢藏僵局,否則其曲不在中央,而在西藏。

(2) 倘西藏進一步惡化,或最後訴諸武力,以免他人責難本會愛惜孔處長,釀成巨變。

(3) 孔駐藏已失作用,留藏有害無利。

(4) 駐藏辦事處人員意見太不一致,而特務人員又多複雜,孔已難于應付。

(5) 余為愛護部屬、愛護朋友及重視漢藏和好,決將孔處長調回本會。

已于十五日摺呈總裁,並保侍從室第三處秘書羅時實君繼任。

2 月 18 日　　星期四

申叔頭暈稍愈,勉強起床,特于上午送其回鄉,昆田、襄叔同行。印度民族運動領袖甘地于二月十日在

獄中絕食三星期，要求無條件釋放，甘絕食，此為第
六次。

2月19日　星期五

方簡任秘書家巽病故，遺缺本擬以王氣鍾君繼任，
以倪健飛君代張秘書國書任務。王力推倪繼任方缺，伊
仍代張任務，叔仁、小魯、昆田等均表贊同，即于昨日
午後發表。復于今日約叔仁、小魯、昆田、氣鍾、健飛
午飯，並指示今後之會務及秘書室應負之責任。此次氣
鍾謙讓之風，重視團體，可欽可佩。

2月20日　星期六

日前羅斯福總統廣播演說，本年內進攻日本，其重
要之行動，將在中國及日本本部上空進行之。蓋既揚言
由中國轟炸日本本土，日本當然由中國佔領地迎擊美
國，保護本土。過去一年來，中國空中與陸地均尚平
靜，惟最近各方多已受敵空軍轟炸，而陸地滇西、滇南
邊境，鄂中荊河，粵省西江、北江、雷州半島，以及贛
北等地之敵，相繼蠢動，同時敵又在青島集中部隊，運
城增加飛機，北戰場亦將有所活動。敵人這些行動雖然
尚未十分明瞭，但未始不是受羅斯福廣播之影響，倘敵
人不在太平洋、印度洋、西北利亞發動新攻勢，則只有
中國一途可走。同時物價愈平愈高，今次限價又告失
敗，是以經濟危機日益嚴重。內外處境確是困難，我們
必須警覺，必須警戒，以備不虞。

2 月 21 日　星期日

申叔今日已起床，昨請趙醫生打補血針。昨日量惟仁夫人血壓，高一百六十多度，以他六十年齡計算，最高只能至一百五十度。他頭部時常發暈，我們誤認為係平時吃素而貧血，今驗明血壓高漲，好在廿多年素食，未發生大危險，乃不幸之大幸。從此以後，應特別注意。

2 月 22 日　星期一

上午九時參加中央紀念週，後出席中央常務會議。據孔兼財政部長云，現在每一日須經費一億元，通貨已至惡性澎漲，經濟日益危險。又云去年判斷今年八月戰事可結束，今則不然，推測戰事恐尚須延長二、三年，因此經濟前途請同人注意。

2 月 23 日　星期二

上午九時出席行政院會議。午後訪張文白兄，討論青海軍隊政工人員，及該省三民主義青年團書記任用問題。馬主席擬推薦政工人員，並擬以其公子繼援任青年團書記，與中央意見未免相左。今日與文白談話是交換意見，尚無具體結果。我是毫無成見的、毫無私意的，總希望中央與地方開誠合作，以日前馬主席請撤換某師長案，中央未能同意，則難免發生意見。

2 月 24 日　星期三

得鄉寓電話，申叔病日有進步，惟仁夫人血壓 150

度，如此尚非絕對貧血，總希望稍低為宜。晨八時接見
林文奎君。林廣東新會人，卅五歲，清華大學畢業後學
習航空，又在義大利留學三年，確是航空專門人才，任
航空委員會情報科長，現調任遠征軍高級參謀。據云美
國在一年內不能有大量飛機援華。前、昨兩日渝市有敵
機西飛消息，今午敵機炸梁山，渝市發警報，旋我機在
萬縣與敵遭遇。

2月25日　星期四
青海出兵玉樹

查去年春，青海為響應測量中印公路事，已派騎兵
一團駐玉樹，復于去年冬，藏情惡化，再令增兵。茲接
馬主席步芳來電，派騎兵獨立旅所有兩個團、兩個獨立
連、一個通信排、一個迫砲連、一個迫砲排，由旅長馬
步鑾親身統率，于本月廿三日向玉樹出發。此次馬主席
恪遵命令，益固邊圉，其迅速周詳，深堪欽佩，且當余
應付西藏政治途窮之際，得此實力後盾，毋任歡慰。惟
仍望西藏覺悟，回復常態，倘兵連禍結，決非余信佛者
之心願也。以現在形勢觀之，青、藏軍隊隨時有發生戰
事可能，所最要注意者，對英外交之準備耳。

2月26日　星期五

日本以作戰為理由，與法國簽訂廣州灣日法聯防協
定，遂于廿一日午後三時，日軍在廣州灣登陸，我政府
向法政府提出抗議。查廣州灣是我們最後通海口岸，茲
被封鎖，物資更感困難。

2 月 27 日　星期六

余血壓在民國二十八年春只有九十度左右，經數年
之調養，現至一百廿度，或兩年不斷服補一還童丸之結
果，亦未可知。茲再請萬友竹醫師打補血針，並服枸杞
膏，總期殘年康健，為社會稍盡心力而已。

2 月 28 日　星期日

余一生最歡喜的事是種花木，現在最值得余想念
者，就是十數年在蘇州親手所植幾百株樹木。查金剛經
云「凡所有相皆是虛妄，若見諸相非相，即見如來」。
又云「一切有為法，如夢幻泡影，如露亦如電，應作如
是觀」。經中說得明明白白，不可著相，而余則對於園
中花木念念不忘，就是念經功夫太淺，十分慚愧，從此
回頭，未為晚也。

3月1日　星期一

上午九時參加中央紀念週，後出席國防最高會議，皆以此次限制物價失敗，更使物值高漲。討論一小時之久，未得結果，改于下星期一由國家總動員會議秘書長出席中央常會報告，再定辦法。

3月2日　星期二

上午九時出席行政院會議。據孔兼財政部長云，經濟確是危險，上月份國家支出二十六億，而稅務收入只六億，不敷二十億均由銀行息借。又決議外交部宋部長出國期間，吳次長國楨代理部務。午後偕叔仁回鄉。

3月3日　星期三

看國書病，不但毫無進步，而且有退步。最近熱度（四十度）更高，身體日漸衰弱，希望不多。更見繼雅姪媳在旁照料，深覺此一對青年夫婦，為何遭遇如此不幸耶。

3月4日　星期四

到叔仁先生家看伊岳母蔡老太太，此老年七十，身體康健。

3月5日　星期五

纘薌兄來訪，留午飯。據纘薌云冷廳長杰生來電，此次劉自乾、張岳軍等在城都會議，關于西康思想、移防、禁煙等政治問題，已有結果。至西康唯一要求補充

軍器、兵員出兵對藏為條件，但以川、康過去歷史觀察，恐沒有如此簡單。究竟能否實行，而實行至如何程度，均是疑問。

3月6日　星期六

上午九時半召開各小組組長會議。先由各組長報告工作情形，次由余指示本年本會工作。除預定計劃外，應以調整省旗糾紛，恢復西藏安定，為對蒙藏唯一之中心工作，務期完成任務，希望同人努力。

3月7日　星期日

本會邱委員丙一在山洞寓所約午餐，屆時偕小魯前往。餐後進城，過南開中學看馴叔。晚八時西康伍參謀長培元偕曹纕蘅兄來訪，報告此次城都張、劉二主席等會議經過。余以為所談條件全是表面，細考其內容則大不然。在中央所最希望者，西昌、雅安康軍撤出關外，另由中央派軍接防，劉主席未能同意。至西康所最希望者，補充大批武器，中央亦是不易辦到。此次談判動機，對藏佈置軍事，如此情形，是必入于停頓態勢，且增加雙方不好印像。倘由余一手運用調整，或不致如此結果，好在余未參加成都會議，將來或有說話餘地也。

3月8日　星期一

上午九時參加中央紀念週，後出席中央常務會議。何總參謀長新由印度歸來，報告在印度經過。其結論，英印軍事確有準備，印度民族、語言、文字複雜，而階

級限制尤嚴，甘地等欲求革命成功，殊屬不易。

3月9日　星期二

上午九時出席行政院會議。因近一、二月內，蒙藏、僑務、賑濟三委員會職員家先後有土匪搶劫情事，余言治安關係重要，古人云「治亂世用重典」，望軍警當局注意。此等搶劫之事雖小，而影響甚大，凡事要有把握，否則失敗就是不負責任。孔兼財政部長云財政危險，法幣印刷除在國內不計外，須在外國印一百六十七噸，已至真正惡性澎漲，緊告節約。

3月10日　星期三

西藏夏巴羣吉將任甘丹赤巴（即宗哈巴大師法坐），派管家降巴墨朗來渝募捐饒茶，又西藏甘丹寺派格西羅桑吉村亦來渝募捐修寺，呈請行政院各給拾萬元（共二十萬元）。該管家、格西二人日間起程回藏，特于午後七時約便飯，聊表餞行之意，並向彼二人表示中央尊重黃教，愛護藏人等等好意。

3月11日　星期四

余血壓素低，近月來打補血針及服枸杞膏，身體較前康健，尤以昨年冬未受寒涼、未大傷風，亦是一大緣因。老年人不受寒，是強身唯一條件。

3 月 12 日　星期五

記與西康伍參長培元談話

　　昨晚八時曹纕蘅兄再陪同伍參謀長來談。據伍云大意：

（1）請中央補助武器等項，尚無頭緒，而何參謀總長只云為運輸便利起見，應先修康青公路，不言補充，越出題外。

（2）總裁曾批准成都會議五項辦法時，末云西昌康軍不能調開，則將來西康對藏軍事，中央可派一師援助。

（3）劉主席來電話，託吳委員長向總裁說項。

（4）已向何總長詢問中央是否變更前次對藏出兵命令。

余答：

（1）我對藏軍事佈置始終不變。

（2）此次成都會議複雜，余總希望所議五項辦法，能以圓滿實現。

（3）我是始終幫忙劉主席，總想在大處幫忙，所謂大處者，如同乘汽車走柏油馬路，若乘馬走山中小路轉圈子，我是幹不來的。

（4）我想知道劉主席真意何在，然後纔好幫忙，或是建設西康，或是經營西藏。

（5）康南、康北防務空虛，萬一地方出事，或藏兵渡金沙江擾亂，倘不早為準備，臨時來不及增援，前例甚多。最明顯例子，甘孜班禪衛隊事變之前，我曾兩次託人警告西康注意，皆曰有把握，迨後一團兵士被繳械，章團長斃命，很希望不要

再蹈過去之覆轍。

總觀多方態度，成都會議似已失敗。本來這個會議是表面化，當然是無結果的，尤以心理未能變，更是其中最主要之緣因。

3月13日　星期六

美國駐華空軍向為美國駐印度第十航空隊之一部，茲美國在我國新成立第十四航空隊，歸陳德納少將指揮，這是于敵人最大威脅，于我國最大幫助。又據外事局汪副局長云，羅斯福總統電蔣總裁，中國空軍增至五百架空運機，至本月十五日止，增至一百卅七架，一個月可運物品四千噸（現在每月約二千噸），將來每月可運一萬噸。值此日軍進攻中國多處正在接戰之際，得此大批飛虎，我將士必更勇猛，向前邁進。

3月14日　星期日

午後七時到抗建堂看清宮外史話劇，係由三民主義青年團話劇社編演。主要內容是甲午中日之役，描寫清室腐敗，和戰不定，並以慈禧皇太后、光緒皇帝、翁常熟、李合肥為劇中中心人物。初編預演時，對于李合肥人格頗多侮辱，嗣經李芋龕奔走及余去函，得以修正。劇中佈景甚佳，其服裝與禮節均是滿清制度。至夜十二時半尚未演畢，余因疲困，即先回寓。

3月15日　星期一

上午九時參加國府紀念，後出席國防最高會議，通

過例案多件。何總長約明晨談話。午後七時半參加航空委員會祝賀陳納德少將晉陞美國陸軍第十四航空隊司令之晚餐會。

3月16日　星期二

上午九時出席行政院會議，孔副院長報告今後是中國嚴重時期，亦是世界嚴重時期，現在中國有四個政府，將來不易收束。又據何參謀總長報告，今年不能結束戰事，大概尚須兩年，美國空軍須明年纔可完成，海軍須後年纔可完成。余以為美軍軍備是否能如期完成，與夫完成後是否能擊潰敵人，均是疑問。惟我們經濟之危機、政治之複雜，在未來兩年內，必定難關重重，究應如何調整經濟、修明政治，乃是當前之急務，不可等閒視之。午後偕兆麟、小魯等回鄉。

記與何參謀總長敬之談邊政

何參謀總長約定于今晨九時行政院會議半小時前談邊事，其結論如下：

（1）總裁囑在中央委員中選駐藏辦事處長，並擬先以查辦藏警與邊事處衝突案為名先行入藏，後發表會商結果。擬推舉方覺慧、洪陸東，二人中擇一擔任（此二人係陳果夫兄向余推薦者）。

（2）總裁交議甯夏馬主席與阿拉善旗達王糾紛案。擬由蒙藏委員會電勸馬主席，再由軍委員電蘭州第八戰區司令部，就近派員前往調解。並以阿拉善軍事專員難得省、旗雙方滿意，現認為事實無此必要，擬建議裁撤。

（3）青海馬主席請中央發給大砲成立砲兵營。余以為
青海有兩軍，例應有砲兵組織。且馬主席上次無
條件撤兵河西，今次無要求出兵玉樹，更以青海
在地位上、政治上關係之重要，似應准如所請。
何答曰沒有大砲，余曰應特別設法。

（4）談西康政治、軍事補充案。何曰運輸重要，應先
修康青公路，未提城都會議五項辦法。換一句話
說，就是現在不能補充，但他們主義已定，故余
未便深說也。

3月17日　星期三

國書肺病，于去冬、今春反反復復變動太巨。余今
晨往視，並簡單囑其用儒、釋、道三家方法求精神上之
安定，他深為明瞭，自謂在過去過于相信英美派醫生的
話，如早用日德派方法，或可早以痊愈。末云以他這種
靜養，最終必可痊愈，擬俟熱度稍低再進醫院。以余觀
察，希望不多。

3月18日　星期四

這幾日天氣清和，桃李花放，為重慶罕有之氣候。
益以鄉居，偶偕家人野外踏青，如入世外桃園，其樂何
如，大有留連忘返之感。回憶少年時，未能領略春光美
麗，良可惜也。

3 月 19 日　星期五

對于大戰後國家之希望

近數月來，大家不是說西北建設，就是說戰後復員。如西北建設必須大批金錢、大批移民，此非短時間可以辦到；至戰後復員，應以結束軍事、統一國家為唯一之原則，苟能將此層辦到，則一切問題自易解決。現在國內有幾個政府，各有背景、各有主張、各有勢力，我們應就上項因素，平心靜氣詳細研究，應根據三民主義，從遠處著眼、大處著手，和衷共濟，求各方諒解，達到和平建國、共享安樂之目的。萬一發生內戰，真是民族不幸，我決無絲毫權利思想，只求盡心力于黨國耳。

3 月 20 日　星期六

上午十時主持本會委員會議，在城、在鄉委員都出席，議案雖不多，而各主管處報告甚為詳細。散會後留各委員便飯，皆大歡喜。

3 月 21 日　星期日

今日上午九時國防會議開臨時會，因接通知過遲，來不及前往出席。

3 月 22 日　星期一

上午九時主持本會紀念週，並作簡單訓話。

3月23日　星期二

今日（陰曆二月十八日）為余六十生日，余向來不贊成做生日，故于事前向各方表示不宴客、不收禮。為避免麻煩起見，特應知友曹纕蘅兄之約，于上午偕申叔、兆麟、昆田、小魯、健飛等前往陳家橋曹府休息，並承纕蘅招待午餐，深為感謝。午後回宅，雖一再力辭慶祝，而本會同仁仍來寓致敬，奚東曙、楊中明、李芋龕以及胡光鑣夫婦、郭寄嶠夫婦等亦由城來鄉，統由惟仁夫人分別招待。惟奚等遠道由城而來，殊不敢當。

六十雙壽記

余生于清光緒甲申年二月十八日未時，惟仁夫人生于清光緒甲申八月二十日酉時，二人六十雙壽，殊不易得，殊為快慰，因感想略有記載。茲先就我夫婦二人身體言，尚稱強健，若與五十歲相比較，除眼睛變花外，其他均無大出入。次就修養言，惟仁夫人持齋誦佛廿餘年，頗有收穫，余向以中庸、道德經、金剛經為修養身心、自救救人之途徑，亦覺有所進步。再次就子姪言，均性質平正，讀書聰明，不用煩神，深為欣慰（襄叔將今年暑期在教育學院畢業；馴叔在高中二年級下學期；申叔高小畢業，擬暑假後入中學；庸叔小學四年級下學期；光叔小學一年級下學期；方叔、道叔、文叔或在工廠，或在軍隊，或銀行服務，均有進步）。

余一生受社會國家之優遇，消極的雖未欺誤社會國家，但究未能積極的為社會國家做出有聲色之大事，不免遺憾。尤以雙親早年逝世，未能盡人子之孝道，終身恨事，惟有移孝作忠，報親恩于萬一。至于宗族親戚朋

友，亦未能多有所幫助，心覺不安。從今後當一本素來
光明正大之宗旨，盡心竭力為大眾謀幸福，成敗利鈍，
在所不計，但求無愧我心。然人生若朝露，不過數十寒
暑，終當皈依三寶，清靜至無餘（六祖壇經語）。惟天
命攸關，非可勉強，曾文正公曰「凡事人力居其三，天
命居其七」，證之余數十年之經驗，此語真實不虛。

3 月 24 日　星期三

「能吃虧方為志士，不讀書總是痴人。」上對聯在
四十五年前過年時，大先兄（孟藻）書此對聯，貼于書
房門上。至今思之意義甚深，凡能吃虧、能讀書，未有
不能成大事業者。

3 月 25 日　星期四

晨間與小魯細談本會人事及一切事務，深感人才缺
乏、經費不敷，無法推動會務。

3 月 26 日　星期五

國際是講勢力、講利害，朝為朋友，昔為仇敵。當
前國際變化關鍵在蘇聯，究竟蘇聯動向如何，是一個啞
謎，無人有準確判斷。倘蘇聯對其他同盟國家不能有明
白諒解，則英、美不克在歐州開闢第二戰場，亦不克在
遠東發動大規模軍事行動。緣日、蘇兩國關係未斷，日
本時想調停德、蘇戰爭，使英、美懷疑；反之，蘇聯亦
可調停英、美、日戰爭，使德國懷疑日本；或英、美、
德謀和，先定歐州，根本解決日本。我近一年來就是如

此判斷，抑或各國內部生變化，亦在意中。

3月27日　星期六

天下無難事

　　事無難易，惟在公私之間。若為公，雖難變成易；若為私，雖易變成難。此古今不易之理，公字能戰勝一切，能轉危為安。

忠厚待人

　　余向來克己恕人，寧可人負我，不肯我負人，因此有形之吃虧在此，無形之討便宜亦在此。若以因果論，即在本身無所表現，其影響後人有不可思議者也。

3月28日　星期日

張國書姪病故記

　　早餐後往視國書病，見其面骨嶙峋、眼陷光鈍、咳嗽不能成聲、喉中痰響不止，余已知其不克久留人間。時繼雅姪媳在旁啜泣，國書神智尚清，中心痛苦不難想及。余因謂之曰，汝勿慌勿慮，一切余當負責，放心可也，彼點首。余回寓，隨與叔仁、昆田等商其後事，因至會，條派小魯、叔仁、健飛、錫昌等九人為之準備。蓋明日為三月廿九日，有事待辦，非進城不可也。午飯後繼雅來，滿面淚痕，狀甚悲楚，余亦想不出一句足以慰伊之言。不一刻，勤務來告國書已氣絕矣，時已下午一時（生于庚戌年七月廿一日子時），享壽三十四歲，嗚呼痛哉。國書之父名逢柱，儀表秀拔，忠厚謹飭，結婚一月後，即赴金陵覓余，不數月旋罹虎列拉而歿。國

書蓋遺腹子，生而無父者也，方期其光大張氏門楣，為余母家延宗祧，不意正當盛年，又齎志以折。念國書之祖父、祖母，均係待人寬厚、為善不倦之人，何其子不壽，而孫又夭，天之對彼亦云苛矣。國書有胞叔二，均未得男孩，國書妻譚繼雅年二十八，女一，方三歲，寡婦孤兒，思之黯然。午後將其後事分別面囑各員辦理後，偕惟仁夫人于四時許來城。

3 月 29 日　星期一

上午九時至國民政府參加革命先烈紀念，由于右任先生報告黃花岡起義經過。十一時參加故友蔣雨岩先生追悼會。午後六時雨岩夫人約晚餐，有何雪竹諸兄在坐。蔣夫人少年喪夫，甚為悲慘，關于個人工作及其公子等教育等問題，託余向當局進言，自當努力。

3 月 30 日　星期二

上午九時出席行政院會議。午後二時接見策覺林呼圖克圖，他近由西康來渝，詢余對藏軍事，擬出面調和漢藏關係，答以從長計議。查策覺林是班禪胞弟，與拉薩素來不好，恐不易有效。

羅大年君病故記（又名大嚴）

羅大嚴君係佸子先生第三子，卒業北平清華大學，態度沉著，性情溫良，現供職重慶之中央銀行，今晨突然病逝該行宿舍中。後聞人言，大年上星期六尚照常在行辦公，旋即病倒，大便帶血，體溫增高。猶不知病勢嚴重，經醫診治，亦不能斷其病源所在，至今晨天明時

氣絕身故。偣子先生適在余寓，聞耗往視，哀痛殊深。
當日午後入殮後，即移岸兩湖共公墓地，準備安葬。夫
國書死僅二日，大年又繼之而死，同屬青年有為，而均
早折，天何不仁若斯哉。

3月31日　星期三

　　上午九時請萬有竹醫生來寓打補血針，並量血壓。
計余一百十度，惟仁夫人一百卅度，偣子先生一百十四
度。九時半訪何雪竹兄，談蔣雨岩先生子女教育費，擬
先與陳教育部長研究。又蔣夫人工作問題，余昨與振濟
委員會徐委員長晤談，擬先在保育院派一教授，將來機
會許可，再任院長。午後偕奚東曙訪李印泉先生，又訪
故友陳仲孚夫人。

4 月 1 日　星期四

主動者強，被動者弱，先起者勝，後起者敗。這是強勝弱敗不易之道理。羅佶子、劉石菴、曹纕蘅、葉元龍諸先生在余寓不約而遇。余前任皖主席時，羅任民政廳、劉任建設廳、葉先任教育廳，後調財政廳、曹任秘書長；余任黔主席時，曹任民政廳、葉任教育廳。今則相逢一室，無限歡慰，遂留晚餐。

4 月 2 日　星期五

本星期二行政院會議時，張秘書長厲生因某案批評現在政治，內有中央則掩耳盜鈴，地方則違法抗令等語。此種情形，由來以久，要有大決心、大覺悟，破除情面，天下為公，種種偉大之精神，方可挽回者也。午後奚東曙兄介紹章以吳兄來見。章是章益三先生之公子、朱桂莘之佳婿，現在金城銀行服務，託余介紹入國民黨，當允照辦。

4 月 3 日　星期六

余六十生日本不收禮，但知交陳光甫兄送禮，卻之確有不恭，只得收受。今午又約余與佶子午飯，殊深感謝，並與光甫兄談目前經濟之危機，他認為沒有好的辦法，即世界經濟亦至末路云云。

4 月 4 日　星期日

上午九時至馬家寺參加三民主義青年團第一次代表大會紀念週，蔣總裁主席，並訓話。

4月5日　星期一

上午九時參加中央紀念週，後出席中央常務會議。午後三時出席國防最高會議，因上月廿九日係革命紀念日放假，國防會議停開，故改今日午後舉行。蓋上、下午之會議，各同人均以國際民生為念，現在確已至人心不安、經濟危急，尤以河南災情討論最久。據美國新聞記者由河南調查回渝報告，大概每一公里可見一個死人，鄭州附近數縣，已死約二百萬人。又在鄭州法院看因吃人訴誦案，原告兒子為被告殺食，更批評中國官吏辦振多不實在等情。查災情之重，當然是事實，美記者之報告，不免言之過甚。

4月6日　星期二

昨晚繾蕍兄偕冷廳長杰生來談關于此次成都會議之經過。張主席不日來渝，僵局或可打開，余表示始終幫忙之態度。冷新由西康來渝受訓。上午九時出席行政會議，新疆省政府局部改組，民、財、建三廳長均易。又潘宜之調交通部常務次長、譚伯羽經濟部常務次長、王德溥內政部常務次長等任命案。河南省李主席來電報稱河南災民約一千一百萬人，內必需振濟三百萬人，一日要三千萬元。

4月7日　星期三

昨夜大風雨，曾一度雨止飛雪花。今日氣候驟寒（四十五度）如嚴冬，有非皮不暖之勢。

記西康政治軍事調整無結果

據曹纕蘅兄云，蔣總裁二日電劉主席，略謂：目前對藏應就現有兵力加強戒備，將來更有需要，則將寧屬駐軍一律調出關外，現在應加緊修路，所請補助各節，暫從緩議等語。蓋自西康伍參謀長來渝請發大批武器，及成都會議，余即認為將無結果，將影響對藏軍事布置，今不幸而言中，良可惜也。倘當時由余與冷杰生兄等始終其事，或不致如此結果，但一俟機緣許可，余仍當作最後努力，使中央與地方兩有裨益也。

4 月 8 日　星期四

國書今日出殯，暫厝永興場董家岩之陽，俟將來時局平定，再運回故里。今晤農林部次長雷法章、國際專家張忠紱，以及安徽新省委王同仇等。

4 月 9 日　星期五

連日處理綏遠省伊克昭盟札薩克旗保安隊譁變，往來電報甚多，另有記載。午後三時訪張公權兄，五時訪陳光甫兄，並晚餐，有貝松蓀兄■■。

4 月 10 日　星期六

午十二時在勝利大廈為康德多爾濟（即康王）、朵含章二人餞行。康來中央將四年，擬日間回綏遠本旗，朵是代表青海來渝請領武器，日間將返青海，並約褚大光、王淡九等作陪，席間談西北風景、習慣。故友周淡游兄之大公子天爵、三公子天翔日前來見。天爵現任陸

軍師長，天翔係淡游日婦所生，淡游故後流落日本，嗣
由天爵設法覓回中國，現在交通大學教書，不日去英國
學習電機工程。天爵能往日本尋回天翔（時十二歲），
此種精神，殊為可佩。淡游第二公子天矯，曾在日本學
經濟，現在後方勤務部服務。淡游雖去世，而天爵等均
能上進，屬在知交，亦為之欣慰也。

4月11日　星期日

　　馴叔學校放春假三日，回家休息，今午後回校。午
後會晤金陵大學農學院院長章之汶，談農業組織及農作
一般辦法。之汶將赴西北考察，並介紹楊顯東兄來見。
楊亦是學農，素來研究棉業。

4月12日　星期一

　　上午九時參加中央紀念週，後出席國防最高會議。
據軍事報告，敵人撤退在黃河北岸各據點之兵，集中平
漢鐵路等交通道上，究竟集中之兵向何方發動，頗堪注
意。余與戴院長季陶觀察，西安地方極關重要。又孔副
院長說經濟確係危險，地方亦很不安靜，深為可慮。繼
述美國租借法案，接濟我國不過百分之二，約值美金二
萬萬元，若與美國接濟英、蘇相比較，相差太遠。現在
美國有很多地方罷工，更有某州反對徵兵云云。若此情
形，則我國信念美國勢力及幫助，不免相當搖動也。

4月13日　星期二

　　上午九時出席行政院會議，任命程其保西康省教育

廳長、倪世雄本會簡任秘書。據糧食部徐部長報，糧食支出增多、收入減少，無法維持，擬請辭職。又據孔兼財政部長云，現在每天需一萬萬元，很難應付。徐靜仁先生說，北京政府在民國十五年，全年支出四萬萬九千萬元。午後回鄉。

4 月 14 日　星期三

上午到會辦公，會晤榮祥、李壽山等。午後與本會趙副委員長研究處理伊盟事變，及對藏辦法。

記伊克昭盟事變

（1）發生地點與時間

地在綏遠省伊盟札薩克旗旗政府，此地為伊盟盟政府、綏境蒙政會、伊盟特別黨部、伊盟保安長官公署各機關所會萃，為伊盟軍、政、黨之重心。上月廿六日事變，即在此處發生。

（2）事變發生之原因與目的

各機關中職員派別鬥爭為主因，以開墾、攤糧、組訓為激動兵民叛變之口號，以剷除異己，獨據要津為目的。此次遇害者多為漢籍職員，似又不無狹隘民族主義。

（3）地方當局臨變之應付

事變之初，綏遠傅主席武力包圍，防擴大與外竄；政治調解，免衝突與犧牲，頗合機宜。惜陳總司令未克包圍，即行驅逐，以致叛眾脅沙盟長出走，不得不謂之應付失著。

（4）本會事變前後之措施

（甲）伊盟產糧不敷民用，攤派軍糧，當較困難。
本會早請軍委會酌設軍糧局，以資調濟。

（乙）伊盟地質不適開墾，中央法令不准放墾。此
次陳總司令長捷建議伊盟軍墾，本會出席此
項審查會時，即表示反對，並于事變前呈請
緩辦，以防意外。

（丙）綏省府在伊盟設民眾組訓處，原為防止敵
偽，惜該處自作主張，侵越旗政，以致伊盟
七旗聯合反對。本會早已電該省政府，將該
處職權從新規訂，雖得同意，迄未實行。

以上三點，均本會對伊盟事前之防備也。

事變發生，即電綏遠傅主席注意沙盟長等之安，及
其他各旗之治安，繼知沙盟長被脅西走後，當即電烏審
旗奇司令玉山轉沙盟長，安心靜候，並曉諭隨從官兵，
一律安撫。昨又電本會察哈爾蒙旗特派員馬鶴天為本會
代表，就近在榆林會商鄧總司令等，迅速迎沙盟長到榆
林暫住，妥籌善後。

4月15日　星期四

現在法律太繁，人心不良，多一法即多一食人之
機關。

4月16日　星期五

上午九時半出席本會黨部第一小組會議，該小組係
秘書室同人組織而成。

記限價失敗經濟危機

抗戰已及六載，國內各方面設施均較有進步，惟獨經濟一端江河日下，尤以物價飛漲，亟亟可危，無法調整，每年一次即高漲一次，朝野為之憂慮。本年一月，政府屬行大規模限價法令，期謀狂瀾于幾倒。然三月以還，不但物價未見平落，而與日俱增，抑且物資穩匿，市面蕭條，雖欲以高價求之而不可得，于是社會騷動，輿論譁然。余以為限價法令實施失敗之因凡二：軍隊組織整齊，紀律森嚴，故一紙命令，得以上下奉行，貫澈到底。以論中國社會組織，既不健全，紀律尤為散漫，故令出于上，人民各事其是于下，而政府莫之奈何。是社會非軍隊可比之，一也。歐美國家教育發達，國民訓練有素，政府對于國內物資之供應與市場之調節，早經有計劃、有組織之統籌管制，故其定量分配、物價統制等政策之施行，可收實效。中國國情既未具備歐美之優良條件，而政府對于全國物資又未能掌握在手，至命令等于虛文。是中國國情非與歐美國情可比，二也。現在限價已告失敗，改為官商議價，政府信用掃地矣。此皆政府求治太急，專家主張太高（就是唱高調），有以致之也。為今之計，只有實事求是，許圖補救，否一誤再誤，則不僅為單純之經濟問題，且將影響社會治安與國家抗戰。

4 月 17 日　星期六

現在人非老朽即幼稚。老朽滿口之乎也者，不知世界大勢，幼稚只知歐美皮毛，不知中國國情，更加平時

既不用心，臨事又不虛心，因此社會人心愈趨愈下。

4月18日　星期日

午後一時半，到國書家慰問伊岳祖母及繼維表姪媳及小女孩，他們異常悲痛，我亦悲感交加。當告繼雅曰，國書之死，如同我死一個得力兒子，你不要悲傷，我今後拿你當我女兒看待，一切放心可也。午後二時偕楚處長進城，趙副委員長搭車到歌樂山下車看朋友。過南開看馴叔，他小有傷風。余本來住平莊，昨日遷久居新屋，較為安靜。

記與西藏代表阿汪堅贊等談話

本晚（十八）七時，西藏駐京代表阿汪堅贊等四人來見，報告西藏打札攝政及噶廈電稱，中央在邊地對藏有軍事行動，此間甚不相信，如果屬實，或係地方軍自由行動，未免與漢藏感情大有妨害，特電蔣委員長查明阻止云云。該代表等復稱，漢藏感情素洽，請吳委員長主張和平。余略述漢藏近年來之經過，其屈不在漢而在藏，並告以余曾親到拉薩辦理第十四輩達賴轉世事宜，又主管蒙藏事務，當然對西藏特別有好感與愛護。中央素有尊重黃教，人所共知，不過西藏少數官吏不明事宜，破壞漢藏感情，殊為可惜。該代表繼云，西藏噶廈有事須請示攝政，而攝政須詢問僧俗大會，無人負責。余曰，此次來電又何人負責乎。經談一時半之久，最後告伊等，西藏既有電與蔣委員長，應靜候批示，你如想見蔣委員長，當介紹，俟定期再通知可也。

查青海對藏佈置軍事業已完成，西康雖未能如期

遵令出兵，但已加強戒備。據報西藏目前應付辦法：
（1）電駐京代表敷衍；（2）徵十六歲以上之男丁入
伍；（3）以青海回軍侵藏毀壞佛法為口實；（4）擬
武裝三大寺等。西藏很明瞭歷次抗拒中央之案件，斷非
一紙空文所能解決者，窺其用意，不外爭取時間，從事
準備。

4 月 19 日　星期一

上午九時中央紀念週，後出席中央常務會議。晚七
時半偕偌子訪陳果夫兄，商派中央委員方覺慧兄入藏，
查辦藏警與辦事處衝突案。

4 月 20 日　星期二

上午九時出席行政院會議。午後訪同鄉張義純兄，
他向在廣西軍服務，有善戰名，現任李品仙集團軍副總
司令，駐皖北，此次來渝，擬入陸軍大學深造。午後五
時方覺慧兄來晤，談入藏事，他甚一行，方年事雖高，
精神尚健。午後八時應政治部張部長文白約，看該部所
製之日本間諜電影。申叔同往，並遇陳雪仙等。

4 月 21 日　星期三

上午十時接見南疆回教領袖穆罕默德伊敏，係由朱
家驊兄介紹。午十二時曹纕蘅、王惜寸、朱仲翔因余
六十歲壽，以在皖、黔兩省府關係，特在化龍橋設席招
待。盛意難卻，屆時前往，並以當年同事之偌子、叔
仁、小魯、芋龕等作陪。午後二時接見喜饒嘉錯格西，

他新由青海來渝，準備入藏。當與研究藏情，商談入藏
計劃原則：（1）入藏方式用個人名義；（2）路線由青
海北路；（3）入藏經費以夠用為前題；（4）入藏任務
宣傳中央德意，達到西藏服從中央之目的；（5）入藏
時間暫定陰曆四月半，由西甯起程，約兩個半月到拉
薩。根據以上五個原則，呈請總裁核示。晚七時軍令部
劉為章次長來晤，商討對藏軍事及政治運用，他認為如
青海軍力能占昌都，而西康又不致誤會，自以占昌都為
佳。他明日到部研究後再決定。

4月22日　星期四

上午偕偌子訪陳雪仙兄，留午餐。其起居飲食非常
簡單，若與抗戰前相比，大有天壤之別，惟宿病已愈，
興趣甚佳，彼此暢談，異常快慰。青海軍隊現已集中玉
樹，西康亦加強戒備，應付西藏問題，已屆決定階段。
特于今日摺呈總裁，陳述軍事政治比較之利害，請採擇
施行，並擬晉謁，面陳未盡之意。

4月23日　星期五

伊克昭盟札薩克旗事變，波及烏審旗。據綏遠傳主
席電稱，有共產黨騎兵三百，聯合該旗保安隊襲擊旗政
府。又據各方情報，代理該旗札薩克奇玉山失自由，鄧
總司令寶山、高軍長雙成派去營救沙盟長代表均遇害，
高軍長馬場馬匹被劫一空。現既事態擴大，超出調解範
圍，除電郡王旗圖札薩克及在渝之康札薩克、榮總管，
分別轉囑各該部屬維持治安外，惟榆林地位重要，特于

今日電請蔣委員長轉飭該方當局予以特別戒備，以防萬一。張義純兄來訪，留午飯。據張云皖省外有敵偽、共產黨，內而軍事、政治皆腐敗，將來廣西駐軍與皖省地方均歸失敗。聞之殊為可慮，尤以共產黨在軍、政、社會秘密活動，一旦暴發，必難收拾云云。蔣經國、偉國姪兒來謁余夫婦，並詢余生日，告以已經過去，不必客氣，待余七十歲時再請客。惟仁夫人見經國，時已隔廿年矣，而偉國亦很久未晤，相見之下，十分歡慰。

4 月 24 日　星期六

近一年來，余個人生活深感困難，今晨特晤陳光甫兄，請為挪用款項。現在物價繼續飛漲無止境，來日生活深堪顧慮。午十二時卅分，張文白兄夫婦為新疆監察使羅家倫君餞行，約余作陪，並有熊天翼夫婦、萬耀煌夫婦等在坐。餐後與羅暢論西北一般情形，並擬作函介紹新疆盛主席等。

4 月 25 日　星期日

得綏遠傅主席來電，奉總裁諭，對于伊盟札旗之叛變，用武力澈底解決云。余本主張和平調解，現在事變既已擴大，亦只有武力一途耳。李參芋龕，陰曆十九日（四月廿三日）四十歲生日，今午特備便餐，聊表慶賀之意。

4 月 26 日　星期一

上午九時參加中央紀念週，後新疆監察使羅家倫舉

行就職典禮。本有擬議由余擔任斯職，因余在中央主管
蒙藏，不克分身，故作罷。十時半出席國防高會議。晚
七時白副總參謀長健生約晚餐，並于六時先往談對藏問
題。他認為西藏來電請求阻止軍事，則軍事佈置已收實
效，今後應該軍事、政治齊頭併進。

4 月 27 日　星期二

上午九時出席行政院會議。據軍事報告，敵人兩師
兩旅猛攻中條、太行兩山，豫、冀、晉地區之我軍戰事
激烈，雙方死傷均重云云。前傳敵人集結兵力于交通據
點，即為此方戰事之用。焦易堂兄將返陝西故里一行，
特偕其世兄焦聯星君來辭行，焦世兄現在中大任助教。
奚東曙介紹林暐（號旭如）、陳宏振（號君毅）來會，
林在中國銀行信託部任經理，陳在外事局服務，均是留
學美國有為之人才。

4 月 28 日　星期三

上午九時半至十一時半接見西康伍參謀長培元，他
來渝數月，請補充未得結果，不免悵悵，日間回康。余
特多方安慰，表示繼續幫忙。話雖如此，西康對藏軍事
佈置未成，西康與中央感情亦未有進步。反而增加不
歡，此皆居中人不能周詳，有以致之也，將來果有機
會，余當作最後之努力。

4 月 29 日　星期四

中央訓練團黨政高級訓練班聘余為該班教官。訓練

團成立于抗戰之後，訓練班初次組織，以六個月為一期，學員多是黨政之優秀者。今日上午九時四十分，召集研究國防十年計劃政治部分學員開會，商討寫作方案問題，余偕昆田前往指導。

4 月 30 日　星期五

有人說現在社會對于抗戰勝利之心理：（1）爭取勝利；（2）計劃勝利；（3）空言勝利；（4）等待勝利。如以自已力量爭取勝利，是有價值之勝利，其他之勝利，如同建屋于沙灘之上，是不可靠之勝利。其結果，國勢必弱，還是可以亡國的。午後四時安徽振災會借廣東酒家開茶會召待同鄉，商討募捐事。余主席說話，大意勉勵各部分工作，努力贊揚此次組織完備、辦法細確，足見同人熱心，比以前同鄉辦事，很少有此次成績，以此次之精神，可證安徽人將來之光明。前次演戲等募捐既有良好結果，現在發給募捐冊，請同人再加努力，以全終始，並希望于五月底結束會務。繼由各組負責人員報告災會詳細情形後，遂即茶點，圓滿散會。在現勢下，對藏軍事在先，抑政治在先，已于廿二日密呈總裁請示。聞此呈關係重要，且關軍事，已由侍從室第二處（管政治）移第一處會簽，因此耽擱，尚未呈總裁閱。余靜待批示，故不克回鄉，久居城市，頗覺煩擾。

5月1日　星期六

　　清晨訪陳光甫兄，在上海銀行借支四萬元（息五
厘），為最近一、二月之用項。但已欠四、五萬之債務
尚未歸還，更以物價日高，我們的生活日感困難，而用
費一再節減，仍無法維持。土默特旗總管榮祥將回綏
遠，午後六時在百齡餐廳為之餞行，約張靖伯、黃同仇
等作陪。同時連城國藥號主人蔣連城約宴，有孔庚、焦
易堂夫婦等在坐，余親往道謝，未進餐。

5月2日　星期日

　　日前萬宗彝、少鼎昆仲來函，謂伊父雲階（名黃
裳）于四月十一日病故，請轉懇中央撫卹。查萬雲階兄
向隨許汝為兄辦事，曾與余在粵軍同事。特于今日午後
約雲階兄知交許公武、李子寬諸兄面商，請萬世兄將雲
階先生生平事略寄渝，即由子寬兄撰文，余等簽名，呈
請中央。

5月3日　星期一

　　上午八時參加中央紀念週。先由張書記長文白報告
三民主義青年團代表大會之經過，繼由總裁詳述五月三
日濟南慘案對國家民族及抗戰之關係，並指示堅定志
節、知恥雪恥。查十五年前（民國十七年）之今日，蔣
委員長率國民革命軍打到濟南，日本就在這天對我軍開
火，大舉屠殺我軍民。此在中日關係史上是一件重大事
件，因此有東北事件之發生，而演成到七七蘆溝橋事
變，中日大戰暴發。

5 月 4 日　星期二

上午九時出席行政院會議，蔣院長親自主席。午後偕惟仁、兆麟、申叔回鄉。

5 月 5 日　星期三

得城會電話，蔣委員長約余明日午十二時見面，擬明早進城。關于對藏問題，當可此次晤談得一結論也。

5 月 6 日　星期四

晉謁蔣總裁談話記

總裁正午十二時約見，于午十一時許進城，準時往謁及總裁。余將西藏現狀及軍事佈置所收之效果詳為陳述，結語謂以蒙藏委員會十餘年之經驗，覺非軍事不足以解決藏事，惟現在國家整個環境是否允許，須請總裁決定也。總裁比答謂目前軍事尚未布置妥當，須俟明年始能完成，于是決定先採取政治而後軍事之步驟。至政治談判中所應提之條件，余亦將預擬之方案兩項計八點呈閱，並請示。總裁以現在只須就協助驛運，及予入藏人員便利之兩點洽商即可，其他政治問題不必遽談也。外交方面，總裁以英人對我現不致有何防害，此亦無上福音。西藏代表阿汪堅贊等請求晉謁總裁，擬日內即予召見。

繼談喜饒嘉錯格西入藏事。總裁恐藏人疑我示弱，仍以緩去為佳，比決定先發旅費五萬元，飭其回青候命，並約吃飯。

談青、康問題。余謂青海地居新、康、甘、藏之

中，關係重要，馬子香擁護總裁，出于至誠，如能撫馭
得法，對中央、對邊疆均有莫大裨助。其有少數反馬人
士，造作蜚語，殊不足聽，應請注意。至于西康問題，
余原擬以簡單方法解決，及有成都會議，事遂複雜，中
央與西康兩方之願望均未實現，今後應自改變其心理入
手。西康民政廳長冷融較明大體，現在中訓團受訓，出
團後請賜召見，總裁甚贊同。

談派中央委員方覺慧入藏事。總裁以其不諳英語，
須另易人，並屬意羅佶子先生，余以其年老為辭，又屬
意于陳靄士先生，恐前往不能久居。究以何人為妥，其
待研究。

談及整個大局問題。余謂應以安民為主，總裁亦
為首肯，並說徵兵、徵糧是不免之事，余曰技術上應該
改良。

主要問題既談畢，遂進入閒談。余因謂余年已
六十，總裁驚謂不知日期，尚未賀壽，余謂日期已過，
從亦不願做壽，請寫幾個字可矣。現說出年六十者，蓋
自問對黨、對國、對朋友均未能盡力報效，殊覺慚愧。
現自檢討，惟有革命精神及政治運用兩項武器可資使
用，如有需要，當即貢其所有也。

談話至此，總裁囑同進午餐，同坐者僅總裁、偉
國、蕭秘書（自誠）及余數人耳。席間，總裁問及惟仁
夫人與家間情形甚詳，余均一一奉答。總裁並謂兄夫婦
六十雙壽，我等應致賀意，余再力辭。總裁又詢問羅佶
子、陳光甫兩先生，余答以佶子學究古今，為余之友，
亦余之師，光甫先生無權利思想，頗肯為黨國致力，現

亦時刻讀書求進步云。在此談話中，余便將昆田品、學，以及熟習邊情，及與余之關係詳為介紹，請于召見西藏代表時同時召見。

總裁于談話間，屢詢余對中國之命運一書意見，並謂反對黨將盡力批評。余答此書為三民主義後之傑作，至批評方面固不可免，凡事有正面，即有反面，孔、孟、老、莊亦有批評之者。餐後返寓，已午後一時半矣。今次談話，公私兩方均經暢達。總裁今為本黨之領袖，亦昔日之至友，通家深誼，愛戴素切，故瞻對之時，不覺言之滔滔而不自知也。

5月7日　星期五

昨晚前交通部長張公權兄來談，據云蔣委員長已批准赴美考察經濟，惟須孔副院長洽商。午後二時訪陳光甫兄，因總裁昨詢光甫曾否入國民黨，頃悉光甫確未入黨，當即決定由余介紹加入。午後六時在百齡餐廳招待喜饒嘉錯禪師、策覺林呼圖克圖晚餐。

5月8日　星期六

北非同盟軍于昨日攻佔突尼斯、比塞大兩要港，軸心之德、義軍二十萬人無歸路，將被俘。這次是有名非洲大會戰，其影響雙方政略、戰略甚巨，從此義大利受威脅，盟軍有在歐陸開闢第二戰場之可能。

5月9日　星期日

楊月笙（仲明）奉派為安徽田賦糧政管理處，託余

介紹見白副總參謀長，擬請白電李主席。

5月10日　星期一

上午八時參加中央紀念週，後出席國防最高會議。午十二時陪喜饒嘉錯晉謁總裁，由喜饒報告一般情形，隨即午餐。喜饒向總裁建議對藏應用金剛面孔、普薩心腸，總裁面告喜饒，先回青海，候令入藏。餐後，喜饒先退，余再與總裁談話。首談派員入藏，方覺慧既不相宜，而陳靄士、陸洪東又不願往，當然以沈宗濂為宜。余主張明日行政院會議發表，總裁曰須徵其同意，並可問問戴院長季陶兄。繼談伊克昭盟事變之經過，傅主席、沙盟長來電，都是非難守備總司令兼保安副長官陳長捷，將來或須更調。最後談陳光甫兄已入黨，及東本格西將來渝。

5月11日　星期二

上午九時出席行政院會議，蔣院長親自主席。午後偕麗安上街買物，如一雙布鞋，須一百廿元，在戰前不二元。並訪陳光甫兄夫婦。

5月12日　星期三

記西藏代表晉謁蔣總裁

本日午後四時，周委員昆田陪同西藏代表阿汪堅贊等四人晉謁總裁。其訓話大意如下：

（甲）打札攝政、噶廈、三大寺來電均閱悉。中央向
　　　來尊重佛教、愛護西藏，自第十三輩達賴在世

時，以至現在十數年如一日，人所共知。

（乙）抗戰已六年，在近一、二年間，中央擬在西藏
修路及驛運，輕而易舉之數事，西藏均置之不
理，更成立外務局，視中央如敵國，壓迫中央
駐事處，無一非破壞中央與西藏之感情。

（丙）此次所以在青、康、滇各省有軍事開動者，一
方所以保護西藏，免受他國侵略，一方所以保
修路及辦理驛運，實無攻打西藏之意。中央對
藏並無過分要求，只有下列五事：

一、經過西藏至印度之公路，必須修築。

二、由印度經過西藏至內地之貨物運輸（即驛
運），必須辦理。

三、必要時，在印之華僑必須經過西藏內撤。

四、蒙藏委員會駐藏辦事處與西藏洽辦事件，
必須與噶廈自洽，不能經過外交局。

五、中央人員入藏，如持有蒙藏委員會正式護
照者，西藏須照例支應烏拉。

以上五事望西藏照辦，並派兵員保護之責，則中
央軍隊自可不必前往，不然中央只有自派隊伍
保護之，望諸位速電噶廈。

（丁）聞日本有在西藏活動消息，又有西藏派代表赴
日本接洽之說，倘發見有勾結日本之證據及跡
象時，當以之與日本同樣看待，立派飛機赴藏
轟炸。

（戊）西藏莫謂有民眾大會，噶廈等可不負責任，實
欺人之談，余認定必須由噶廈負其責任。

上談五事，尤希噶廈迅即辦到。至打札禮佛噶廈及三大寺來電，余現不作復，應俟其對余所談五事完全做到，即對中央服從，有事實表現時，始能覆電云云。訓示甚多，經一小時之久，未克一一記載。西藏代表亦略有陳述，允即電噶廈。

5月13日　星期四

清晨與喜饒嘉錯等照像。上午九時接見西藏代表阿汪堅贊等，彼等報告晉謁蔣委員長經過情形後，余首述總裁所示五事，均輕而易辦，以及總裁之偉大乃世界特出之人物，向不欺人，望西藏將示五事從速辦到。且此次五事是總裁親自指示，不可以平時普通事視之，西藏既誤于先，不可再誤于後。繼言各代表處境困難，余所深悉，在過去如作公正建議，或有召致藏政府之誤會，今至重要關頭，為職責計，亦應西藏政府作一懇切之忠告。如其能予接受，固所希望，即不能接受，諸位在中央與西藏關係史上，亦可留下光榮之一頁。最後望諸位電噶廈，達賴現方幼年，如誰誤事，將來恐難勝甚咎也。談話畢，代表等允遵辦，並道謝而去。

5月14日　星期五

關于派員入藏事，今日上午特約熟習印藏情形之前印度加爾格答總領事黃朝琴兄來談，他以為藏事複雜難辦，不願前往。又總裁親自擬派入藏之沈宗濂兄來晤，他堅決表示能力不夠，亦不能擔任，余勸勉為其難，亦無結果。午後，新任西康省教育廳陳其保兄來見，並請

致函劉主席介紹。

5 月 15 日　星期六

上午九時接見鄧珠朗傑、格桑澤仁，彼等均西康人，現在辦理康藏貿易公司。鄧是西康土司，曾于民國廿九年在拉薩與余見面，格是本會委員，均新由西康來渝者。

5 月 16 日　星期日

奚東曙夫婦及其男女公子來訪，奚夫人係鄉人段芝泉先生女公子，新近偕其男女公子由申來渝，據云上海生活較重慶更高。午後至國民政府視林主席疾，因星期三忽中風，不能語言，現已稍愈，惟右背、右腿尚不能動。午後三時起，分別接晤張秘書長厲生、外交部吳次長國楨、侍從室第三處蕭副主任贊育、冷廳杰生等。

5 月 17 日　星期一

上午八時至軍事委會參加中央紀念週，後出席中央常務會議，推余主席（如總裁不到，向由各常委輪流主席，余為常務委員，係第一次主席）。先軍事報告，繼由各委員就經濟、共黨最近問題加以研究，均認為事態嚴重。經二小時之久，無結果，決定期約黨、政、軍負責者詳細研究對策。最後討論例案數件，至十二時散會。午後再與冷廳長談話，余主張西康劉主席應變更心理，並將西昌駐軍撤退康邊，佈置對藏軍事。日前冷氏晉謁總裁時，總裁亦云應變更心理、變更作風。冷允回

康運用。近日見客太多，事亦太繁，甚為疲勞。

5月18日　星期二

上午九時出席行政院會議。十時至廣播大廈參加陳英士先生廿七週年紀念會，推余主席，並報告英士先生殉國情形，及余因當場追捕刺客，為避槍彈伏地，脫落一牙。繼說英士先生革命精神及做人做事精神，如堅決、周密、敏捷、英勇、克己、恕人，就是智、仁、勇三者俱備之偉大人物，堪為吾人之模範云云。十二時禮成，散會。余與英士先生志同道合，感情最佳，追思既往，百感交加。午後偕麗安等回鄉。

5月19日　星期三

連日牙痛，精神不振。本日在家休息。

5月20日　星期四

清晨六時有空襲警報，約半小時解除。過去一、二月間，洞庭湖北岸戰事甚烈，現已至澧縣附近作戰，常德危急，長沙受威脅。同時山西之南太行山，我孤軍奮鬥亦已一月，龐總司令炳勳最後親率少數特務隊與敵周旋三晝夜，不幸傷腿，遂遭敵俘，是則黃河南岸之洛陽等地方頗感威脅。以現在北非盟軍大勝，國際好轉之時，我們要能維持現戰局，等待勝利，乃是最重要之事件，堪為注意。

5 月 21 日　星期五

上午八時半召開本會各小組組長會議。聽取報告後，余報告近月來蒙藏之政務，及各職員之生活應從節約方面格外注意。

5 月 22 日　星期六

關于伊盟札、烏兩旗事變一案，前准傅主席電稱已派員與沙盟長晤談，並籌擬招撫潰散，似事變已近解決。本會正電其對沙妥速安置之際，忽接傅主席來電謂沙復被劫，此後應取消沙之一切地位職務，並廣宣各旗免受謠惑，再伊治安或非短時所可安全云云。本會以為如因此絕沙來歸之路，不無顧慮，或在目前暫緩辦理，特向總裁請示，以昭慎重。在余個人，向來對蒙旗取寬大主義，沙盟長年事已高，仍以設法營救為原則。

5 月 23 日　星期日

上午偕麗安進城。本會同人本日本日在羅漢寺為故簡秘書張國書、方家巽兩君誦經追悼，余于午後偕文叔、襄叔、馴叔等前往，二時開祭，余主祭。蓋張、方二君任本會重要秘書職務，如余之左右手，追思既往，百感交加。祭後訪太虛法師，談整頓中國佛教，余力主應從律宗入手。

5 月 24 日　星期一

上午八時至軍事委員會參加中央紀念週，後出席國防最高會議。

晤東本格西記

本日（廿四）午前，東本格西由成都飛至重慶，午後來晤，由格桑澤仁翻譯。查東本此次東來，是應重慶漢教理院、成都佛學社，以及川、康兩省大德的聘請。回憶余廿九年到西藏去的時候，適逢東本臥病，以未及見面，曾請曹纕蘅兄代表慰問，並約其病好後，到內地一游。今番得有機會與東本相見，亦屬非常緣法。

東本格西原籍青海玉樹，與西康鄧柯一江相望，故有人以為他西康人。他十一歲出家，二十歲到西康學經，四十歲考得第一名格西學位，曾任拉薩密學院教授，現五十九歲。不但對于經典研究極深，持戒尤為嚴格，非一般政客喇嘛可比也。

5月25日　星期二

上午九時出席行政院會議。午十二時卅分總裁約午餐，在坐除戴院長、孔副院長、周、翁、徐、朱諸部會長官，其他為國際問題研究會王雪艇、王芃生諸君。餐後各專家報告國際形勢，都認為蘇聯解散共產國際（另有記載）是國際劃時代，並認蘇、日終將發生戰事。散會後，再與總裁談藏事，命再與西藏代表談話。

記蘇聯解散共產國際（即第三國際）

報載莫斯科電訊，共產國際已宣布解散。揆之蘇聯旨意，不外下列兩項：（一）祛除英美疑慮，加緊盟國團結；（二）爭取人類同情，減低軸心目標。過去所謂世界革命，從此匿跡，昔托洛斯基主張共產革命應以世界為條件，斯丹林則主張必先建設蘇聯本國，此番措

施可謂斯丹林主張之澈底實現。至于各國共產黨究將採
何項辦法，雖不可知，但其內部或有分裂現象之產生，
似甚可能，迨至大戰結束，第四國際之建立，亦大有可
能也。在我國方面，共產問題亦較易獲得解決之道。再
在邊疆方面，新疆地位益臻穩固，外蒙問題亦可漸謀解
決。昨晨國防最高會議何總長報告，蘇聯在新疆哈密駐
兵已自動撤退，可見一般。總而言之，共產國際之宣告
解散，無論在世界政治上、中國政治上，均有一澄清之
啟示，惟將來之究竟如何，尚不敢預揣也。

5 月 26 日　星期三

清晨郭寄嶠兄來談，擬明日赴成都。余託轉告衛俊
如弟，應冷靜、應少見客，若見客，要少說話。以他過
做人做事都未失敗，他東山再起，不過時間問題耳。上
午九時，至國防最高會議大禮堂參加行政三聯制檢討
會議開幕典禮，總裁主席，並訓話。午十二時中國佛學
會漢藏教禮院、重慶市佛教會在羅漢寺公宴東本格西，
約余作陪。因本午自作主人招待榮祥總管，故到羅漢寺
稍坐即回，緣榮總管日間北返，特為餞行。午後曹纕蘅
兄來告，冷杰生兄昨日上午由成都回大邑途中被匪殺
害，殊堪痛悼，詳情另記。又王家楨兄來訪，暢談國
際形勢。

5 月 27 日　星期四

上午訪陳光甫兄，他對于國家前途抱樂觀。午後六
時在中美文化協會招待東本格西晚餐，約戴院長與周、

許、朱諸部會長官，以及各佛教團體代表、太虛與各居士作陪，計四十人。席間由余致辭，並介紹格西，繼格西答辭後，戴院長與太虛略予演說，遂散席，甚為圓滿云。

5月28日　星期五

午十二時，榮總管在勝利大廈約余午餐。昨晚遵照總裁指示與西藏代表談話，告以前次指示五點，望促西藏政府早日答復，倘聽外人挑撥離間，只有增加西藏困難，無絲毫好處。希速轉電噶廈，各代表允照辦。

5月29日　星期六

清晨策覺林呼圖克圖來談班禪大師轉世事，余請其多負責任。午後二時半往視國府林主席病，當即入臥室，見其仰臥床中，神智不清，惟容貌慈祥，非平日修持，曷克臻此。因病勢既已嚴重，特于本晚九時中央召集臨時常務會議，余準時出席。先由魏文官長報告主席病狀，繼討論主席善後，遂即決議修正國府組織法，于第十三條增加一項如下：「國民政府主席因故不能親事時，由行政院長代理之。」當即函送國民政府公佈，並為醫護主席病體，推定戴傳賢等九常委辦理。十一時散會。

5月30日　星期日

昨、今兩日上午皆有空襲緊報，余等至防空司令防空洞躲避。午十二時在百齡餐廳招待中央訓練團黨政高

級班邊疆組學員馬繼周、薛文波、余紀忠、左曙萍、陳
玉科、貢沛誠、王洽民等七人午餐。

5 月 31 日　星期一

　　上午八時參加中央紀念週，後出席中央常務會。據
報主席病有轉機，但一時不克復原視事，決議照修正國
府組織法第十三條第二項，由蔣行政院長代理。午後六
時招待中央訓練團黨政高級班皖籍學員晚餐，計到李冶
民、周鼎珩、尹良瑩、劉青原、劉法鈺、汪祖華、趙恩
鉅、翟文勛、王輝明、謝永存、佘凌雲、許卓修等十二
人。餐後，余談安徽革命諸先烈之歷史。

6月1日　星期二

上午九時出席行政院會議。據軍當局報告，近數日鄂西戰事激烈，我軍大捷（詳情另記）。午後糧食部徐部長可亭來訪，彼此認為四川內容複雜，應設法調整與安定。他自覺糧食部困難重重，亟思求去。

記鄂西大捷之經過

此次敵約四個師團，自上月十八日開始向我鄂西進犯，迭陷長陽及漁洋關。我統帥則特下手令于要塞守備部隊等諸將領，嚴令堅守，我空軍及盟邦空軍配合助戰，于前線亦甚得力。我側面部隊于廿七日由五峰、資邱向敵襲擊，廿九日晚克復漁洋關，于是敵軍兩個師團後方被我截斷。我正面各軍于卅日起全面反攻，于是展開大規模殲滅戰，激戰至卅一日正午，敵軍遂全線崩潰。綜計自十八日以來，敵軍傷亡人數至少三萬以上，此次大捷不僅鞏固陪都之門戶，對內則能安定人心，對外則增國際重視，其關係及意義尤為重大也。

6月2日　星期三

中央訓練團黨政高級訓練班迭次請余訓話，堅辭不可，只得于今日上午七時半前往。當就西藏一般過去情形與現狀詳為說明，並略述蒙古、新疆，經二小時之久完成。查該班學員都是中央及各省高級人員，經六個月訓練後，充任黨政高級幹部，其責任甚為重大。午後四時陪同東本格西晉謁總裁。六時約奚東曙夫婦、男女公子，及張道宏兄與女公子等晚餐，奚夫人與張小姐等新到重慶。

6月3日　星期四

晚八時張文白夫婦來訪。據談奉命與共黨接洽尚無結果，最大原因意見不能一致。共黨則希望擴編軍隊與保持政治之組織及現有之地盤，中央則希望軍隊應歸國家，政治應當統一。彼此相距太遠，殊難就緒。

6月4日　星期五

記冷杰生兄死事

本會常務委員冷杰生（融），不幸于五月廿五日，由成都返大邑原籍，至溫江縣之公平鄉，突被暴徒五人槍擊殞命。杰生為人忠純篤厚，任事負責，以西康省府代表充本會委員垂十年，前歲出長西康民政，其委員一席仍為保留。比年中央與地方間聯繫，杰生尤多所致力，月前來渝受訓，總裁期勗方殷，長才遽折，真國家損失，不惟私痛已也。昨已通電川、康軍政當局，迅速緝兇，澈底法辦，以慰英魂。所有身後各事，凡力所能及者，必為竭誠辦理也。

6月5日　星期六

戴院長為林主席健康，特于本日上午十時，請東本格西與策覺林、迪魯尼兩呼圖克圖，及悅喜、昂讓等在考試院佛堂修吉祥法。余準時前往敬香，佛堂佈置甚整潔。午後六時約鄭廳長通和、儲廳長應時、胡委員孟華、翟委員純、鍾委員鼎文等便飯。昆田昨日入訓練團受訓，明日（七日）開學，須五星期之久畢業。

6月6日　星期日

午後四時約東本格西喝茶，略談佛學。

6月7日　星期一

上午八時參加中央紀念週，後出席國防最高會議，
通過例案數件，十時散會。

6月8日　星期二

上午九時出席行政院會議。午十二時半陪同東本、
悅喜兩格西，及鄧珠朗傑、格桑澤仁到總裁官邸午餐，
總裁親出招待，緯國公子等參加。午後偕麗安回鄉。

6月9日　星期三

關于冷杰生兄慘死事，除呈請行政院緝兇、襃揚、
公葬外，另電川、康兩省加緊緝兇矣。

6月10日　星期四

【無記載】

6月11日　星期五

陳委員長樹人夫婦來鄉訪余夫婦，陳夫婦與余夫婦
都是六十歲，真是難得相遇。樹人兄善書畫，性謹慎，
為本黨老同志不可多得之人才，且與余在行政院同事多
年，感情甚佳。留午飯，後于二時盡歡而散。

6 月 12 日　星期六

西藏是一向夜郎自大，時想獨立。而英國人亦是一向慫恿西藏獨立，英人曾引經語誘惑藏人說：「一切靠人皆痛苦，一切自主皆快樂。」

6 月 13 日　星期日

馴叔昨晚回鄉，今晨與余研究升大學事。他原來想學醫，但以時間須七年之久，將來又無出洋深造之把握，乃作罷，論其他科目，又少感興趣。經再三研究，結果將來擬學文科，尤偏重外國語文系，其次學物理或化學，再其次教育。午後偕麗安進城，並送馴叔回校。國府林主席病，近數日頗有波動，中央特于本晚八時在國府召集臨時常務會議，討論醫護及善後等事，余準時出席。

6 月 14 日　星期一

上午八時出席中央紀念週，後再出席中央常務會議。今日是聯合國日，午後四時參加外交部招待外賓茶會，蔣委員長親自出席，並檢閱聯合國（三十二國）國旗輝煌燦爛大遊行典禮，中外人士充滿歡笑愉快。同時陪都各界亦舉行慶祝，自朝至暮，滿街滿戶青天白日旗的飄揚。

6 月 15 日　星期二

上午九時出席行政院會議，通過褒揚、公葬、撫卹冷杰生兄案，余甚慰。

6月16日　星期三

上午八時至軍委會大禮堂參加先總理廣州蒙難紀念儀式，因頭暈先退。午後回鄉，過山洞看于院長病。

6月17日　星期四

心勿過勞，身勿太逸，居勿嫌陋，食勿厭精。以上四語乃修養身心之道也。

6月18日　星期五

上午九時出席本會組長會議。兆麟弟發寒熱、喉痛，請趙醫診治。

6月19日　星期六

目前世界大戰之預測

自北非盟軍大勝後，形勢大轉變，現在預測：

（1）德國東南歐取守勢，對蘇聯將仍取攻勢。

（2）英美在地中海集中大軍，似將在歐州開闢第二戰場，策應蘇聯，解決德國。

（3）日本態度最值得研究，倘仍採一貫取巧政策，萬一德國失敗，或與英美妥洽，日本孤立，是最不利的。惟為貫澈大陸政策，與夫反共主張，以及策應德國，只有發動對蘇戰事。

（4）綜觀各方態勢，本年夏秋之間，世界必有一大規模戰事，或此一戰乃最後決定勝負階段之鬥爭也。

6 月 20 日　星期日

午前九時偕小魯進城。

最近青康對藏軍事之見聞

（1）西藏已明瞭我康、滇兩省軍隊迄未移動，僅青海動員騎兵兩團，無濟于事。故對中央一面採取拖延政策，一面積極佈置軍事，並揚言將于藏曆五月取攻勢。

（2）以青海兩團騎兵，殊不足以應付西藏軍事。馬主席來電，主張增兵一團駐紮西藏所屬之鄧科，其理由不僅有便給養，且在康軍未開出之前，亦可相機策應云云。查鄧科地位重要，倘為藏軍所擾，則玉樹側後方必受牽動。

（3）以現在一般情勢觀之，有調派飛機先往昌都及金沙江西岸各重要地點散發傳單之必要，總裁亦曾有派飛機散單之面示。

　　當將以上情形，函告何參謀總長，促其早日決定。

6 月 21 日　星期一

頭暈尚未十分全愈，故今晨未參加紀念週。八時半至國府看林主席病，因年老病久，現雖穩定，隨時可以反動，隨時發生危險。陳光甫兄午後來訪，他認為國家前途有望。晚間郭寄嶠兄來談，他新由城都回來，他認為衛俊如之下野，固屬自己處理事件未增妥善，尤以用人失敗是最大緣因。

6月22日　星期二

上午九時出席行政院會議，決議雲南省政府民、財、建三廳長分別調動，及楊中明任皖省府委員等案。午後回鄉。

6月23日　星期三

蘇聯前次自動撤退駐新疆軍隊，業已事實表現中蘇之友好，最近斯特林先生于聯合國日復我國賀電中，有中蘇間之友誼，將為貴我兩國國民之利益而增鞏固等語，此則更表現兩國國交之進步。惟望保持永久友誼，時求兩國利益之進步，勿生變化，達到兩大民族之幸福。

6月24日　星期四

日前鄂西戰事勝利，在人心上已感安慰。近一星期川省普遍得雨，秋收有望，其時雨精神實際與鄂西勝利是一樣的，給國家抗戰極大安定力。有此勝利，有此時雨，更須大家努力。

6月25日　星期五

和俊侄浙江之江大學讀書，僅差一年即可畢業，因抗日軍興，耽誤迄今。茲得來電，已到洛陽，即日來渝完成學業。

6月26日　星期六

本會新委員朱蘭蓀兄（綏光）本日來鄉，暢談蒙古

情形。朱原任閻百川參謀長，調綏境蒙政會指導長官署副長官，嗣以傅作義任長官，朱則調本會委員。朱性質和平而忠厚，在蒙古數年，異常清苦。此次內返用費甚多，擬向行政院代請旅費。

6 月 27 日　星期日

上午八時半偕小魯、麗安進城。過歌樂山中央醫院看鄉人葉守濟傷，伊日前由陝西來渝途中覆車，受重傷，現將過危險時期。又過小龍坎南開中學看馴叔，他七月初暑假大考，現正用功準備。

6 月 28 日　星期一

上午九時出席中央常務會議。午後會晤張宣澤、曾慶錫、吳有榮、格桑澤仁、鄧珠朗傑等。張是朱一民兄女婿，新派任財政部迪化區銀行監理官。吳是工業試驗所技術室主任。鄧珠朗傑將回西康，余特告鄧轉告康北土司、頭人等，此次對藏軍事，完全由中央主持，非往昔地方事件可比，現在是效忠黨國機會，望各土司、頭人等多多努力。

6 月 29 日　星期二

上午九時出席行政院會議。午十二時在勝利大廈為東本格西餞行，並約朱蘭蓀等作陪。東本等本擬乘飛機赴蓉，因久待無望，決于明日改乘汽車前往。中央已令准青海馬主席開騎兵一團駐鄧科，並令西康劉主席轉飭鄧科縣長予以便利。劉主席復電中央，認為駐兵鄧科實

無必要，倘藏軍犯康，劉當負責，並電請余向中央轉還
停止開拔，中有深恐藏軍尚未渡江，兩邊區先行動搖等
語。當將此電轉何參謀總長，惟中央既已下令，青軍亦
已出動，恐難收回成命。為何如此，皆過去西康未能遵
照中央命令，佈置對藏軍事之結果也。

6月30日　星期三

襄叔已在重慶教育學院畢業。我家女子生長于鄉
間，而讀書至大學畢業者，當以襄叔為第一人，欣慰
之至。

7 月 1 日　星期四

上午九時防陳光甫兄，伊入黨後，即按照手束親到市黨部報到，又遵照分配到第七區分部報到。在入黨方式應該如此，但以光甫兄有地位之特別黨員，能如此辦理，殊令人欣佩無已也。

7 月 2 日　星期五

西康劉主席不贊成青海駐兵鄧科，經函何參謀總長，其經情形已載上月廿九日記。頃得何總長復函已電劉主席，略謂青軍騎兵團開赴鄧一節，業經下令開拔，未便中止，一俟該方面情形稍緩，即將該團仍調回玉樹，並電馬主席轉飭該騎兵團，不許干涉地方行政及增加康民負擔云云。余特託劉主席代表曹襄蘅兄，以何電中大致情形電告劉主席，同時囑青海代表電告馬主席。余甚望劉主席以地方為重，服從命令。

遵擬對藏目前之對策

總裁于五月十二日召見西藏代表等，面諭辦法五項，迄將兩月，尚未見復。茲特于昨日遵總裁飭，擬對策如下呈核：

（1）加強青海對藏軍事。

（2）以政治方式調洽西康，企能達到向金沙江佈防之目的。

（3）雲南維西駐軍速派一部駐德欽（即阿墩子）一帶駐防，以遙作青軍聲援，俾收威脅西藏之效。

（4）對西藏政府之談判自以堅持，總裁面諭西藏代表五項原則，俟其復文到時再核復，在目前暫時冷

靜，不予理會。

7月3日　星期六

上午十一時半訪徐軍令部長永昌，另有記載。午後五時半應中央訓練團高級訓練班邊疆組晚餐，計到婁子匡、馬繼周、薛文波、陳玉科、王輝明、貢沛誠、左曙萍、余紀忠諸同學，伊等日間將畢業，余特加以勉勵。

7月4日　星期日

記中央擬調馬步青到隴南剿匪

軍委會何總參謀長來代電，謂隴南匪患尚未澈底肅清，擬令馬步青率所部臨潭、岷縣一帶剿匪，留一部于柴達木，在馬步青離青，柴達木屯墾督辦一職由其派員代理，請先以此意電詢馬步芳主席等語。余認為此事關係複雜，惟慎重計，特于昨晨（三日）訪軍令部徐部長永昌詳詢此案之來源。據云此事係馬軍長步青來電請纓剿匪，不願再住青海，嗣經軍委會會報，均以步芳欺壓乃兄步青過甚，不合人情，故准步青所請，率隊離青剿匪。當經簽請總裁核示，奉批應由吳委員長電詢馬步芳主席，此乃經過情形也。經余詳加檢討，顧慮之處甚多，特于今日（四日）復何總長一函，大意：

（1）青海部隊過去駐紮甘肅，人民極感痛苦，奔走呼號不可終日。中央迭費周章，將之調出，現如又調隴南，恐非甘肅人民之所願。即甘肅省府方面，前對其留駐一部于永登、臨夏等處，亦表異議。

（2）查三十年冬，馬步芳在渝會商調整青海軍政之款
目時，曾說明青海部隊係負南疆及西藏之國防責
任，不再東調，當時吾兄（即何總長）亦曾出席
主持。現若將其東調隴南，須防其有所藉口，或
啟其他誤會。

（3）目前對藏日趨緊迫，總裁面諭西藏代表辦法五
項，迄將兩月，未見答復，更聞其大量徵兵，有
先攻青海之傳說。青海部隊所負對藏責任頗為重
大，此層亦宜注意。

（4）查過去回漢衝突之發生，恆以洮河以東之臨洮、
岷縣為中心；回藏衝突之發生，恆以洮河以西之
夏河、卓尼為中心。此次隴南匪患，性質尚屬單
純，若青海隊伍開往，難免不引起回漢、回藏問
題，而更難收拾，此層亦應注意。

以上四點，如以為均無顧慮，即當電告馬主席抽調隊
伍。再者，外間傳言伊等兄弟一睦，若指派某人某部，
恐伊等誤會中央有分化之作用，如決定調青海部隊，似
以由馬主席步芳酌派為宜云云。總而言之，近年西北形
勢大好轉，稍一不慎，必起糾紛，余只有盡心力而已。

7月5日　星期一

上午八時至國民政府參加中央紀念週，後出席國防
最高會議。吳秘書長報告地方謠言甚多，皆歸究于糧
政、役政、稅務辦理不善之故也。西藏對于總裁指示五
項，已有不得要領之復文，阿汪堅贊四代表于本日午後
二時來見，經一時半之久，談話亦示不得要領，詳情另

記。午後四時接見阿拉善旗參領陳邦笋巴圖，伊來渝報
告旗務，及對于事教育請求補助。

7月6日　星期二

上午九時出席行政院會議。午後黃朝琴兄來訪，他
現在外交部勤報司任幫辦，以其資格甚老，久未能升
任，因此不免消極。余勸其稍安無燥。

7月7日　星期三

上午八時至國民政府參加抗戰第六週年紀念典禮，
何總參謀長報告一年作戰之經過。午後一時，奚東曙、
傅沐波約在新橋中實別墅午餐，屆時偕光甫兄前往。適
今日馴叔放暑假，午後四時伊與麗安、襄叔來新橋與余
一同下鄉。過山洞看國府林主席病，見其仰臥床中，顏
色憔悴，形容枯槁，不能言語，所謂半身不遂之病，很
難有好的希望。

7月8日　星期四

蔣委員長七七六週紀念書告聯合國民眾，略謂要加
緊進攻日本，毋任其坐大，世界前途祇有正義與自由民
主的勝利，盟軍必獲最後勝利，問題為時間與代價。戰
後和平，中國的幾點期望：第一，結束此次戰局的和
平，決不能是一種談判和平；第二，未來和平，必須是
一個為全人類求解放和平；第三，聯合國必須在戰時及
早成立一個共同作戰機構；第四，戰後世界必須創立一
個保有充分國際武力的和平機構，以確保世界正義與集

體安全，並藉以推進世界民主政治。

7 月 9 日　星期五

最近世界戰事之動態

一、本月六日晨，德對蘇發動攻勢，戰線一百卅公里。

二、美、日在西南太平洋發動海、空戰。

三、印度革命領袖鮑斯在新加坡被選為印度獨立聯盟會
　　長，此為攻印之先聲。

四、同盟軍集中海陸空大軍于地中海、北菲一帶，隨時
　　有開闢第二戰場可能。

　　就一般情況觀之，日本動向最值得研究與注意。以
余判斷，不外暫取守勢，消化所得，加強實力，其次則
于澳洲、印度、西北利亞三處擇一進攻，以攻印度較為
損力耳。

7 月 10 日　星期六

　　文叔姪來電話，知和俊姪已安抵此間，聞之甚為欣
慰。途中五十餘日，十分勞苦。

7 月 11 日　星期日

　　【無記載】

7 月 12 日　星期一

　　昨日偕馴叔等進城。上午八時參加中央紀念週，後
出席常務會議。午後接見前關務署長張福運、青海省黨
部書記長薛文波、西康省政府委員陸美輪、前肅州專員

曹啟文諸君。張君新由滬來渝，將赴美國，與其談西
藏近情。薛書記長新由黨政高級訓練班畢業，即將回青
海，特與談青海黨政。陸委員現擔任修築由雅安經康定
至甘孜公路。曹啟文君新發表甘肅省參議會副議長，將
與談西北一般情形。

7月13日　星期二

　　上午九時出席行政院會議，據何參謀總長面告，調
馬步青到隴南剿匪暫從緩。同盟軍于十日晨在西西里島
幾個地方登陸。英美此次調用輪艦約二千艘、陸軍三十
萬（尚有增加）、飛機千架，規模偉大。義人心大感不
安，德進軍義境以資控制。總觀西西里作戰，大有決定
此次大戰之可性，亦將決定此次第二次大戰之將來，亦
是作戰以來最危險之作戰。

7月14日　星期三

　　最近青藏軍事日急，中央決派飛機至玉樹，再至昌
都一帶。總之現在對藏政治運用途窮，而軍事又未如期
佈置成功，殊屬進退不易，大有青黃不接之勢。

7月15日　星期四

　　「法苟不善，雖古先吾斥之；法苟善，雖蠻貊吾師
之。」校邠廬抗議有此語，可為論政者之導師。按校邠
廬抗議係前蘇人馮桂芬先生所作。

7月16日　星期五

　　上午八時半訪陳光甫兄，擬星期二中午假其寓所為張公權兄餞行，因公權日間將有美國之行也。九時半參加老友楊滄白兄紀念堂落成典禮，以時間尚早，特簽名先退。十時半到精眼鏡公司配眼鏡，據醫生林文秉檢查，云眼球發生變化，現在無法配光，將來須用手術。

7月17日　星期六

　　上午會晤瀘州專員劉幼甫君。劉黃浦第四期畢業，四川筠連人，與曾小魯親同鄉，是小時同學，由小魯介紹來晤。此人一望而知性情和平，少年有為。

7月18日　星期日

諷經追悼冷杰生兄

　　本會常務委員冷杰生（融）兄，不幸于本年五月在成都溫江道中遇刺殞命，業經國府明令褒卹，准于公葬，將生平事蹟宣付國史館。本會同人特于本日（十八）在重慶羅漢寺諷經開會追悼，其遇難情形已有六月四日記載，余于午後午後二時至羅漢寺，比即開會，余主席，來賓甚多，挽聯尤夥。

記西藏對總裁提示五項復文之大概

　　案據西藏駐京辦事處七月冬代電，轉呈西藏僧俗官民大會，對于總裁五月十二日召見阿汪堅贊等，囑辦五事之答復。原文甚冗長，其要點如下：

（一）關于修路事：謂曾經占卜，神示于漢藏雙方無益而有害，不敢承認。

（二）關于驛運事：謂除運輸軍火遵辦外，其餘貨品
可與英方合作，由漢藏商人分段承攬，經西藏
北路運達內地，但中央人士不能假借運貨隨意
往來。意在阻我設站。

（三）關于外交局事：謂係因接洽事務便利而設，中
央如不見信，可徐徐磋商，但西藏重要事件須
經三寺及僧俗官民之商議，否則攝政與噶廈均
不能解決。

（四）對于經藏撤僑，及中央持護照人員入藏事，隻
字不提，惟一再申敘中央為西藏施主，有不承
認西藏為中國領之暗示。

綜觀全文，措詞雖極婉轉，態度依然崛強，除明白
拒絕及未予答復各事，將來自無法進行。他如驛動與外
交局兩事，雖半允半拒，而一則須與英人合作，預留牽
制地步；一則諉其責任于眾大會，以作無期拖延之張
本。藏人狡黠，推諉拖延為其外交慣技，十餘年來，中
央對藏任何商洽事項，從無一事獲得痛快之解決者。窺
測藏方應付此案之心理，有下列數點：

（1）英人策動。

（2）對中央希望辦理之事，既不完全承認，亦不明確
拒絕，期能和緩目前緊張局面。

（3）故意拖延時間，希望波過秋季，對藏即無用兵
可能。

（4）徵調軍隊，準備抵抗，以防萬一。

（5）知滇、康未有極積動作，疑中央對藏無決心。

（6）探知玉樹部隊有限，縱能進攻昌都，拉薩尚可

無事。

我若稍事鬆懈，即達彼之企圖，威信一失，補救更難。大戰結束，藏方必正式要求獨立，屆時英人從旁鼓動，藏事前途更不堪設想。反之，我若能于此時採取斷然處置，造成統治西藏之既成事實，藏必就範，英亦知難而退。此次對藏應堅持到底，以奠西南國防之百年大計。

記參加本晚（十八）軍事會報

軍事委員會軍事會報，每一星期舉行一次，蔣委員長親自主持，其出席人員如參謀總、次長，軍令部長、次長等數人，均是關于最高統帥部人員。余于午後七時半準時前往，先由軍令部報告一星期來之軍事，後即聚餐。餐後復至客廳，委員長詢問藏案，余將經過詳細報告，遂決定原則數項：

（1）對藏空言交涉不能發生何種效果，其代表大會所來復電，無非狡遁之辭，可不予理會。

（2）加強布置軍事（余力主駐兵雲南之德欽，即阿屯子）。

（3）派機飛昌都偵察，並帶函往投。

（4）促喜饒嘉錯早日赴藏，以收政治運用之效。

余趁此機會說明：

（一）蒙藏委員會有責無權。

（二）中央對于邊事意見不一致，有主極積，有主消極，並有主張行蘇聯對小邦，與英國對加、澳、南非諸等方法，余以為不可。

（三）報告伊盟事變及調整人事。

（四）談果絡問題，主派王應榆前往一視。

（五）談西藏辦事處人選問題，總裁主張陳霭士先生
為宜，囑余詢其意見。

（六）談青海軍駐鄧科事，總裁主張應即前往。

余發言約四十分鐘之久，至十時廿分散會，此為余
首次參加最高軍事會報。

7月19日　星期一

上午八時至軍事委員會參加中央紀念週，由美國軍
事考察團徐培根君報告美國戰時生產及經濟。九時出席
國防會議。十一時接見鄧總司令寶珊，伊新由榆林來。
鄧甘肅人，性情忠厚，頗得蒙古人心，擬請其負伊盟守
備之責。午後接見本會札薩克旗協贊專員鄒煥宇，伊報
告札旗事變甚詳。

7月20日　星期二

上午九時出席行政院會議。午十二時，假陳光甫兄
寓所為張公權兄餞行，伊日間將赴美國。陪客除光甫夫
婦外，並有貝松蓀兄。

7月21日　星期三

午後三時四川張主席岳軍來訪，先談他在四川政治
之設施，次談康藏問題，尤以西康自冷杰生兄遇刺殞命
後，西康與中央情感聯繫困難，認為對西康很少調整辦
法。計二時半之久，甚歡而散。此為余與張氏第一次
長時間之談話，蓋彼此性質略有不同，他是圓通，我是

率直，雖是認識時間很久，雖是向無惡感，但交往甚少也。午後五時至七時為孔副院長夫婦在范莊花園舉行盛大茶會，慰勞新由美國載譽歸來之蔣夫人，到中外上賓四百餘人。蔣委長偕夫人于六時蒞會，蔣夫人精神飽滿，笑容可掬，誠一場之盛會也。余屆時前往參加，與蔣夫人握手，予以慰問，他並提昨年此時同往新疆之行。

7月22日　星期四

近旬以來，為辦理康、青、藏政治軍事，十分冗忙。如果洛設制，如青軍駐康屬之鄧科，如駐藏辦事處人選，如西康之調整，如對藏之應付諸種問題，均未能達到具體辦法。此外如蒙古伊盟人事之調整，與事變之善後，亦是目前之急務。

7月23日　星期五

近數日天氣十分炎熱。申叔將考初中，對于課程須加溫習。馴叔功課及格，暑假後升高中三年級，他擬考中央大學，以同等學力參加，故加強準備，並由和俊為之補習物理。因此馴、申兩兒，炎天用功，十分辛苦。

7月24日　星期六

清晨接見全國公路局會辦趙祖康兄，暢談康青藏修路問題。余表示康青路既已雙方興工修築，希望早日完成，惟經康南之中印公路關係國防，及中印兩大民族直接連繫，尤為重要。雖英國、西藏政府反對，我們仍須

設法得此目的，請貴局努力，亦是諸君偉大之事業。午
十二時招待鄧總司令午餐。

7月25日　星期日

　　青海駐京辦事處長趙佩調回青海，日間起程。今晨
特約趙偕保新處長來見，談一時半之久，囑以下數事轉
告馬主席步芳：（1）藏事交涉之經過；（2）騎兵第
五軍調甘南剿匪，及已從緩之經過；（3）青海請求駐
兵康屬之鄧科，中央之態度；（4）果洛駐兵，中央未
能贊同之理由；（5）張部長文白將到西北考查，到青
海時，要妥為招待。

7月26日　星期一

　　上午八時參加中央紀念週。蔣總裁訓話大意，各機
關要學校化，各長官如同教員，各職員如學生，而實行
行政三聯制，是行政上非常重要的事，望各長官注意。
上午九時出席中央常務會議，討論組織部擬設西藏黨
部案。余當即發表意見如下：「西藏黨部設置地點，不
知在西藏境內還在西藏境外。如在西藏境內，則問題較
為複雜，若取公開形式，西藏必予反對，若取秘密形
式，亦無何種工作可做，一有工作，西藏亦必知道，設
法對付，英國人必在背後加緊挑撥與搗亂。如負責者為
漢人，西藏將藉口驅逐，如負責者為藏人，則前途更為
危險。近年來西藏與中央間種種政治問題無法解決，現
正陷于殭持狀態之中，蒙藏委員會設一駐藏辦事處，西
藏尚多方為難，欲驅逐之而後快，目前方較和緩。以此

種情形看來，西藏黨部如設在藏境內（拉薩），恐難有
良好結果，如設在藏境外，自又當別論了。本人對于此
案，則原上極端贊成，但事實如此，不得不略事報告，
以供諸位先生參酌云云。」繼之戴委員季陶、陳委員伯
蘭、張委員勵生先後發言表示反對，決定緩議。余趁此
機會報告近年中央與西藏政治之糾紛，約四十分鐘，全
場大為明瞭。午後鄭亦同兄來訪，談藏事，尤注重駐藏
辦事處。晚間胡叔潛兄來訪，談戰後利用美國物資辦理
航運及鐵路等事業。

7 月 27 日　星期二

清晨八時訪徐果庭兄（昨日他來電話約定），並早
餐，順談四川一般情形，均以安民為原則。九時出席行
政院會議，關于卅三年度預算，約需一千二百萬萬元，
殊屬驚人。午十二時至曾家岩吊唁潘文華（仲三）、昌
猷之太夫人喪。

記義首相墨索里尼下野

現正德國對蘇聯夏季攻勢無進步，西西島戰事軸
心軍正危急之時，義王愛莫虞限三世忽然接受首相墨
索里尼辭呈，並任巴多格里奧元帥繼任首相。巴氏年
七十三，係義國陸軍之代表人物，為義軍元老。此次墨
氏下台，表示軸心之脆弱與崩潰之開始，歐州戰局將有
急轉直下的發展，而太平洋、印度的戰局，亦必更有利
于盟國。蓋義大利廿一年法斯政權，其為功為罪是另一
問題，而在義大利歷史，確是一個力量，值得後人研
究。其他德國之納粹、日本之軍閥也一樣，紙老虎亦可

發生內變。軸心之總崩潰已不在遠，吾人應最後努力。

7月28日　星期三

近日天十分炎熱，夜不能眠。午後偕申叔等回鄉。

7月29日　星期四

因天氣過熱，奉令午後停止辦公。

7月30日　星期五

天久不雨，禾苗將枯。午後十一時忽下大雷雨，使人身心快慰，殊時雨也。

7月31日　星期六

申叔自小學畢業，學術識尚有相當水準，本期本擬報考渝市之求精中學及巴蜀中學走讀，藉便照料。惟該兩校均在城區，投考者多，不易錄取，無已，則再擬投考中正中學。特函請偕子先生向劉詠堯兄一言，予可能範圍內予以照拂。蓋自抗戰以來，後方人口增多，學校不敷分配，求學青年每以此為苦。雖有相當程度，多感無學校可住，良可慨也。

8月1日　星期日

　　上午八時主席本會月會，余報告，大意：（1）機關學校化；（2）推行行政三聯制；（3）國際近來之轉變；（4）勝利在望，勉各同人努力，並加以忍耐一切苦痛。午後偕倪劍飛及申叔進城，至歌樂山與山洞之間，忽遇大雷風雨，為從來所罕有，即在山洞躲避。今年秋收確有把握。

8月2日　星期一

記國民政府林主席逝世

（1）國府文官處公告，國民政府林主席于本年五月十二日政躬忽感不適，當經醫師悉心診治，針藥並進。乃近日病況時輕時重，遂至大漸，竟于八月一日午後七時零四分逝世，並留有遺囑，勗國人服從總裁命令，努力奮鬥，俾國族早日復興云云。

（2）全國各機關服喪一月，民間三日。總裁于今晨總理紀念週時報告主席逝世噩耗，並領導全體俯首默念三分鐘。

（3）中央常務會議，昨（一日）晚十一時半舉行臨時會議，決議組織林故主席治喪委員會，並選任蔣行政院長中正自即日起代理國民政府主席。

（4）今日（二日）午後五時舉行大殮，蔣總裁親臨主持，哀痛逾垣。先由故主席親族十二人舁移遺體，自客廳移花園小山上大禮堂，總裁與余等參加大禮之中央委員、各院部會長官、國民政府、中央黨部各部會高級職員，均伴靈在前。至禮堂

後，瞻仰遺容，依然顯露慈祥，遂即開始大殮，
並舉行隆重告殮式，于是大禮告成。

（5）林主席之事略。主席名森，字子超，福建閩侯人
（生于公曆一千八百六十七年），無子女，現僅
有一侄女、一嗣孫、二姪孫、一姪孫女。主席自
幼讀書，見清政不綱，志切興華，加入同盟會。
于辛亥武昌起義，主席在九江密結海、陸軍傳檄
響應，光復贛省，嗣被舉為南京臨時政府參議院
議長，迨二次革命失敗，亡命海外。主席政治生
活澹泊寧靜，忠貞廉潔，以身作則，老而彌勤，
性樂山水，好遊歷。愛農林園藝，雖一草一木，
必使培植，得所以暢其生。

　　附記余與林主席認識，係在民國元年，他任參議院
議長，余任警察總監，彼此感情甚佳，尤以余任蒙藏委
員會，遇事支持，對余個人亦頗尊重，余十分感激。余
就蒙藏委員會任時，林主席訓示中央派大員主持邊事，
則邊事有望。

8月3日　星期二

　　昨日于林主席喪禮後，應張文白兄約，至山洞寓所
晚餐。伊將往西北各省視察，特將該方軍事政治詳加說
明，以資參考。因林主席喪事，昨日國防最高會議與今
日之行政院會議均停開。據外交部吳次長密告，宋外交
部長在倫敦已與英外相艾登談西藏問題。艾登主張在中
國宗主權下許西藏自治，宋氏答曰西藏是中國領土之一
部，關于西藏自治是中國內政問題，艾登答曰如此須請

示內閣，遂將雙方意見寫一備忘錄云云。果能外交有辦
法，則藏事迎刃而解矣。

8月4日　星期三

上午八時到復興關息台子訪馮煥章先生。馮氏安徽
巢縣人，生長北方，余于民國十三年馮氏駐軍張家口
時，由徐季龍先生介紹第一次見面，並請余閱兵，自此
以後，互相尊重，感情甚佳。現在馮氏鄉居讀書，難免
寂寞，一見往訪，迎于門外，承留午飯，並遠送登車。
惟據馮云，何總長說他洩秘密于共產黨，因此所有中央
常會以及國防會議、其他軍委會等會議，概不出席。
余曰，敬之兄事太忙，說話或者大意，此事最好向文白
一言。

8月5日　星期四

昨夜夢與某夫人，似在一大盆陸地，又很似一乾
湖。頃刻間，長大水，余與某夫人來不及躲避，均陷身
水中，深至頸項，情形危急。稍頃，奔走岸上，二人得
以安全。某夫人曰為何不先上岸，答曰待夫人耳。殆醒
時，正夜十一時半，禍耶？福耶？待證將來。

中央常務會推余為林故主席治喪委員會委員。午後
治喪會在山洞雙河橋官邸（靈堂）開會，余于午後一時
出席，討論八月七日公祭各種儀式，及黨部、政府兩祭
文，四時散會。應于院長約，至其寓所談話，他表示消
極。因時間太促，約下次再談。

8月6日　星期五

近日申叔考中學事頗費研究，因伊未離過家之故也。馴叔日前以同學歷考中央大學，考取與否毫無關係，此不過予明年考大學之經驗。

8月7日　星期六

今日是林故主席逝世第七日，分在山洞雙河橋靈堂及夫子池新運總會兩處舉行公祭。余于上午五時半起身，六時半前往雙河橋靈堂。八時開始本黨公祭，總裁主祭，中央執監委員年長者四人陪祭，中央執監委員全體，及中央黨部各部會首、次長、主任、副主任、委員等一律與祭。先奏樂、上香、獻花、讀祭文、三鞠躬、禮成，禮節隆重，靈堂肅穆。八時半為政府公祭，由代理國府主席主祭，五院正、副院長等陪祭，國府委員、五院及軍委會、各部會長官、次長等一律與祭。禮節如前，其他各國使節亦到靈堂致祭。至在夫子池終日祭奠，有黨、政、軍各機關團體及民眾團體，萬民吊哀，同聲悲慟。余于清晨過山洞時，特送襄叔、申叔參觀聖光中學，余參與黨、政兩公祭後，亦往參觀。該校係教會所辦，內容整潔，遂將申叔報名，再偕彼等赴居院長家。迨回城，已十時半矣。

8月8日　星期日

最近幾天盟軍各戰場捷報甚多，如蘇聯收復奧勒爾及比爾哥羅德兩城，粉碎德國夏季攻勢；西西里方面，喀大尼亞亦被盟軍佔領，義大利形勢更危急；西南太平

洋，美軍亦于日前佔領蒙達機場，結束新喬治亞島本身
之爭奪戰。如此日向勝利之途邁進之同盟軍，使軸心軍
將日暮途窮。

8月9日　星期一

今日出席三次會議：

（1）上午八時參加中央紀念，後出席中央常務會議，
決定九月六日召集第十一次中央執行委員會全體
會議。

（2）午後四時出席國防最高會議，因林主席喪事停開
上星期一之會議之故也。

（3）午後六時至中央黨部出席林主席治喪委員會，
決議：

（一）主席遺體永久葬于現在官邸附近。

（二）組織工程委員會。

（三）擬定三個月內工程完成，即行安葬。

8月10日　星期二

上午八時出席行政院會議。午後會晤黔桂鐵路局侯
局長家源（甦民），此人頗有才幹。

8月11日　星期三

接晤甘肅省參議會副議長曹啟文及陳文傑君，曹日
間赴甘肅。到精益公司配眼鏡，一眼八百度，一眼九百
度，暫時配用，將來仍要用手術。

8月12日　星期四

近日在城，專為子女讀書事忙。現在讀書真正不易，要有金錢，更要注意這是家的事，而小孩本身須聰明、用功，更須身體強健。

8月13日　星期五

今日申叔考聖光中學，襄叔陪同往考。

8月14日　星期六

近日天氣極熱，今日室內一百一度，室外一百〇六度，所謂秋老虎是也，夜間不能安眠。

8月15日　星期日

申叔考巴蜀初中，今晨由和俊陪同前往。

8月16日　星期一

上午八時參加中央紀念週，後出席國防最高會議。午後七時出席林故主席治喪委員會，本已決定永久安葬山洞官邸附近，現在主席家屬擬搬回福州故里，因此改在山洞半永久性質，如戰後仍可移回故里也。

8月17日　星期二

聖光中學係教會學校，且初中一年級只取八名，餘以聖光小學畢業有優先權，故申叔未能考取。午後偕襄叔、申叔回鄉。昨夜落雨，今日天氣轉涼。

8 月 18 日　星期三

今日是余任蒙藏委員會七週年，在此七年之中有六年是抗戰，以團結蒙古、安定西藏為抗戰期中治邊最高原則。前五年于此原則頗有收穫，近一年蒙古有伊盟之變、西藏迭起糾紛，真是蒙藏之不幸。今後任當本此原則向前邁進，達到團結安定之目的。

8 月 19 日　星期四

申叔已考取巴蜀初中，九月一號開學。該校在觀音岩腳下，若由現在我們住處學田灣三號前往，只要十五分鐘時間。最初因申叔身體不強，未曾離過家庭為念，今能達到走讀目的，實合最初理想，十分歡慰。

8 月 20 日　星期五

心願未了

余身體尚健，自覺生命尚有十年以上，惟目力大不如前，遠視早已不清，近視亦生變化，常此以往，恐將失明，惟對國家心願未了，深以為憾。如對國事，總覺有力未盡，無機供獻。對于家事，前辦一個小學，經抗戰燬廢，未能恢復。尤以吳氏家譜多年主張重修，迄未實行，今後應趁此風燭之年，打起精神，敬求天助，了此因緣。

8 月 21 日　星期六

讀老子之感想

余自卅歲時初讀老子道德經，覺無意味，反增不良

印象。再讀幾次，知自已有誤解之處。繼後每讀一次，
必明瞭許多道理，但仍多懷疑。及至近年，更覺道德經
每句每字均有深意。再數年後，其進步必有遠過于今
日者。該書主旨在明自然、尚無為，所以能垂久遠，人
多樂于研誦。可知自古遺傳之典籍，各有理論，各有立
場，非吾人可任意批評與否認者也，不特讀書，如此對
于天下萬事萬物，何獨不然。人之生也有涯，而知也無
涯，處世接物，亦宜以管窺蠡測為大戒。
（註）以管窺天，以蠡測海，以莛撞鐘。

8月22日　星期日

午後偕襄叔進城，伊現應白沙川東師範之聘擔任教
師，日間前往。午後五時會晤葉守濟、劉真如諸君，葉
前次衝車之傷已愈，劉係河南省黨部主任委員，因人事
不調，辭職來渝。晚間何芸樵夫婦與郭寄嶠夫婦來訪，
均以物價高漲，生活日感困難。現在一般公務人員都
是教苦連天，余近一年亦是買物維持生活，前途真堪
憂慮。

8月23日　星期一

上午八時參加中央紀念，後出席中央常務會議，忽
有警報，當即停會，余就近至煙雨洞躲避。約有敵機
七十餘架分二批襲川，一批四十七架，于十時三十分左
右侵入渝市，在郊外投彈，經我軍迎戰，二架被毀，一
架迫降，此為卅年九月敵機襲渝投彈二年後之第一次。
其第二批在萬縣投彈。渝市于十一時廿分解除警報。午

後接見美國陸軍軍事觀察員託爾斯泰，他是羅斯福總統
派遣，由印度入西藏考察，經青海，日前到重慶。經暢
談西藏風土人情，約四十分鐘。

8月24日　星期二

上午九時出席行政院會議。據孔兼財政部長報
告，抗戰前國家總預算十二萬萬元，抗戰後逐年增
加，至本年原定三百六十二萬萬元，繼而每次追加，
共支四百五十萬萬元。明年預算，據各機關編算，需
一千二百萬萬元，但財政部最大限度只能擔任七百萬萬
元，如過此數，財政部無辦法。經濟前途令人杞憂。

8月25日　星期三

惟仁前數日感冒，今日較重，未能起床。身出冷
汗，頭發暈，乃舊病心臟衰弱復發之故也。

8月26日　星期四

惟仁病勢稍和緩，特請侯醫診治。上午九時主持本
會組長會議，余就各人生活以及業務之推進加以指示。

8月27日　星期五

最近（廿四）飯島大佐廣播各國航空機現狀：
（一）戰鬥機之速率
二、三年前，每時不過五百公里之速度，現已達六
百五十公里，今後不日自當突破七百公里，而最近之將
來，預料可達八百公里。

（二）戰鬥機之飛行高度

美國戰鬥機 P47 型及英國噴火式九型等，其飛行
高度已達一萬二千米突以上，最近將達一萬五千米突
以上。

（三）轟炸機之進步

轟炸機逐次為大轟炸機，最近美國 B19 型、B29
型、B32 型裝備發動機四個，全機重量三、四十噸，行
動半徑達三千公里，飛行高度與速率亦增。如美轟炸
機 B17F 型常用飛行高八千米突，最大速度每時五百公
里，又如 B32 型常用高度一萬米突，續航廿四小時。

（四）爆彈威力

英軍最近在德投下三噸六百公斤之長大型炸彈，其
威力足使二百米突處戶扉全部破壞，五百至八百米突
處，玻璃全部破碎。

8 月 28 日　星期六

今年暑假馴叔常住城內，昨日午後偕和俊侄回鄉。
適惟仁夫人病愈始能起床，相見之下，十分歡慰。

8 月 29 日　星期日

午後偕麗安、和俊、申叔進城，順送馴叔回校（讀
高中三年級）。惟物價高漲，學、繕等費大增，在過
去五年前，馴叔讀該校（南開）初中一年級，僅繳費
七十九元，今則繳費二千九百六十元，若再加校服、書
籍等費，則一個學期需六、七千元之譜。現在各公務人
員為子女考學校，及考取後學費等問題，無不叫苦連

天，今年如此，明年又將何如。

8 月 30 日　星期一

上午八時參加中央紀念週，後出席國防最高會議，討論卅三年度國家總預算，計六百五十餘萬萬元。內中軍費三百六十萬萬元，何兼軍政部長以與原列數八百萬萬元相差太遠，不便接受。經一小時之研究，結果黨政費照案通過，軍費一項保留，請蔣委員長決定。總之以現在之物價，明年至少非一千萬萬元，不敷支配。午後分別接見格桑澤仁、王文伯（徵）、楊秉離、周海萍等。據格桑說，對藏應有最後辦法，否則太失中央信用。余亦如此看法，其如中央意見不能一致何。據王文伯云何亞龍的公子等七人來渝讀書，已到樊城，資斷，路難行。余當即電李長官德鄰保護，一面函教育部幫助經費。亞龍前次已有函與佋子及余，說他有兩個兒子來渝讀書，此舉很可表明亞龍心跡。楊秉離現任西康省政府委員，特來報告該省政務。余以西康年來與中樞經過之事件，都是很簡單、很容易，結果變成很複雜、很困難，真是非常可惜云云。周海萍係時事新報記者，隨軍入緬甸，迨戰事失敗，退至印度，有志入藏考察，已行至藏境之拍里（亞東過去三、四日路程），忽為英、藏所阻，不克前進，退回印度。為貫澈目的，計攜帶僕人一名，秘密由間道至拉薩。此種冒險革命精神，令人欣佩。該記者鎮江人，滬江大學畢業，年富力強，若再能加以修養，前途未可限量。

8月31日　星期二

　　上午九時出席行政院會議，通過例案數件，並發表王氣鍾本會簡任秘書。午後接見雲南孟定（屬鎮康縣）土司（清土知府）罕萬賢、耿馬（原屬順甯縣，現改為設治局）土司（清宣撫司）罕富庭（號裕卿），由雲南民政廳專員納汝珍（號季卿）陪同來見。查孟定、耿馬接連緬、泰，地位重要，今該土司來渝覲見當局，切合時宜。

9 月 1 日　星期三

清晨回看鄧總司令寶珊。申叔開學延期至九月六日，因修理校舍之故也。

9 月 2 日　星期四

衛俊如昨晚到渝，暫住郭寄家。余今晨與之晤面，觀其精神與氣度均有進步，若非近一年半中在城都閉戶讀書，曷克臻此。

9 月 3 日　星期五

衛俊如偕葉粹武、戴雲生等來談。余告衛曰上次中央全會你不來渝出席，此次（本月六日）全會來渝出席，切合時宜。既來此間，對于各方應以自然態度處之，不可稍露不滿之意，你于過去政治、軍事並未失敗，不過說話之中得罪人之處，確是難免。你現正年富力強，有革命歷史與戰功，更以種種因素看來，必可東山再起，重掌兵權，惟做方面大事的人，于修養身心是很重要的，望于此層多多留心云云。他深以為然，誠懇表示接受，並云今後不想幹政治，專幹軍事。余因歷史之關係，不得不開誠相告也。分別接見閔賢邦、楊文璽、楊質夫三人，他們日間往西甯，隨同喜饒入藏。中央日間派飛機至昌都視察，軍令第五處唐井然便機前往，此舉對藏意義甚大。

9 月 4 日　星期六

昨日（三日）是英國參戰四週年紀念日，英、加軍

隊于清晨四時卅分渡墨西拿海峽，在義大利大陸登陸，
踏上歐陸第一步。惟德軍在義境尚多，對于盟軍必予抵
抗，現正展開激戰。晚間重慶市黨部主任委員楊公德
來談，他新由湘、黔、桂、粵、贛五省視察歸來，對于
各該省多有批評。楊是四川人，對于四川批評，雖說政
治、軍事均有多少問題，而社會問題尤為重要，應該加
以注意。

9月5日　星期日

新疆盛主席世才昨晚到渝，余特于今晨往訪，他即
于午間回拜。盛氏此來，充分表現西北大定。雲南龍主
席、綏遠傅主席、甯夏馬主席亦先後來渝，余亦分別往
訪。此次十一中央全會，盛、龍、傅、馬，邊疆各當局
均來出席，益見邊疆團結，擁護中央。

9月6日　星期一

本日上午九時，在國民政府大禮舉行第五屆中央執
行委員會第十一次全體會議開幕式，與總理紀念週合
併舉行，余準時出席。總裁主席，並訓話，大意約分
三點：
（1）最後勝利時期，快則即在此一年內，遲則或在此
　　 一年後。
（2）促進憲政時期與建國工作，首要事項應切實決
　　 定，迨憲法頒佈後，本黨應立在平民地位。
（3）本黨責任重大，負革命歷史使命，不能不盡特殊
　　 義務。

（4）經濟前途樂觀，全國豐收，友邦援助，刻苦節
　　儉，自力更生。

（5）中國實行實業計劃，要成中國工業化，同時提高
　　人民生活。

結論，此次全會對于軍事如何進步，政治如何充實，經
濟如何發展，須加以研究云云。禮成，休息十五鐘，開
預備會議，組織主席團，會期暫定五日，遂即宣告散
會。午後三時出席第一次大會，聽取黨務軍事報告，六
時散會。得侍從室林主任電話，青海馬主席步芳明日到
渝，轉總裁諭，代為準備住處。惟房屋難覓，擬住青海
辦事處，惟須加以整理，方可使用也。

9月7日　星期二

　　上午九時出席第二次大會。孔委員庸之報告政治，
後盛主席報告新疆黨政，內容充實，結論永遠保護領
土，實行三民主義。午後五時青海馬主席到渝，余與
張文白諸兄到九龍坡機場歡迎。即晚在馬住處青海辦
事處為之洗塵，適甯夏馬主席少雲來訪馬氏，遂一同
聚餐。晚八時，總裁約中央常務委員聚餐，余準時前
往，席間談經濟及共黨諸問題。餐後，余個人報告總
裁三事：

（1）西藏辦事處仍應調整，並擬以沈宗濂以本會委員
　　兼處長。

（2）冷故委員遺缺，西康劉主席擬保人，擬照准。

（3）此次全會，邊疆盛、馬、馬、龍、傅，諸軍政當
　　局同時來渝，從來希有，此足見邊疆安定，擁護

中央，服從總裁。自有如此好現象，更應循循善
誘，增加彼等對中央之信念。彼等愛面孜，請加
以辭色可也。

總裁對一、二兩項表贊同，對三項表快慰。

9月8日　星期三

　　上午九時與馬主席子香長時間談話。午後三時出席
第三次大會常務會議，提出關于施政工作進行總報告
案。討論一時半之久，決議戰爭結束後一年內召集國民
大會，制定憲法而頒佈之，並由國民大會決定施行日
期。這是此次全會重要案件之一，甚望勿生阻礙，如期
實行，以慰民望。晚八時，總裁招待青海馬主席、新疆
盛主席、綏遠傅主席、甯夏馬主席等晚餐，余與白建
生、朱一民、胡宗南等作陪。蓋邊疆負責當局如此聚
會，事屬空前，吾人參加作陪，尤為快慰。余連日開會
與接待邊人，甚為疲困，惟精神非常安慰。

9月9日　星期四

　　義大利無條件投降，義艦立即駛往盟國各港口，德
國故示鎮靜，似將堅守義北防線。以德軍力量，尚可掙
扎，惟恐內部發生變化，然大勢已去，挽回不易。現在
世界戰局之轉變，待看蘇聯態度如何耳。馬主席清晨來
談，均關青海軍政諸問題。上午九時參加總理廣州首次
起義紀念日，由總裁領導舉行典禮，並訓話。大意：

（1）黨、國旗之歷史。

（2）總理當日原擬以一百個同志占領廣州，此種大無

畏之精神，可佩服。

（3）應建設國民「行易知難」心理，個人心理更為重
　　要，我國人自私自利心理，是民族至命傷。

典禮完成後，休息二十分鐘，開第四次大會，討論例案
多起，十一時散會。午後四時出席政治組審查會。余長
官漢謀等來訪。張文白兄來談此次到西北情形，並談青
海有兩軍，馬子香以主席名義指揮，似有未妥。馬託人
間接表示，請中央另給指揮軍事名義（如集團軍總司
令），更以新、甯、綏諸省軍事當局相比較，亦應該給
以名義云云。余十分贊成，遂決定由文白兄先向總裁表
示，余再進言。

9 月 10 日　星期五

上午九時出席第五次大會。討論召開第六次全國代
表大會，決議應于事實上可能儘速召開，最遲應于戰事
結束後半年內召開。繼討論常務委員所提戰後建設綱
領，及外人在華投資辦法兩要案，因關係重要，組特委
員會審查。午後三時出席第六次大會，討論修正國民政
府組織案，其修正有兩個要點：

（一）是國民政府主席對中央執行委員會負責，而五
　　　院院長則對主席負責（正、副院長由主席就國
　　　民政府委員中提請選任）。

（二）是國民政府主席為陸海空軍大元帥，又主席任
　　　期二年改為三年。

又討論穩定社會經濟平抑戰時物價案，其內容現由美國
借到二萬萬美金元，約合我國黃金五百七十萬兩，研究

如何使用方法。以關係重大，併交特別審查會審查。至
七時散會。朱部長家驊招待盛、傅兩主席晚餐，余與戴
院長等作陪。

9月11日　星期六

上午八時介紹陳光甫兄與馬主席見面。九時出席第
七次大會。午後五時訪雲南龍主席，談西藏近年來之動
態，新疆盛主席在坐傍聽。

9月12日　星期日

西康省黨部主任委員冷曝東兄清晨來訪，言及乃杰
生慘死，異常悲痛，更談及西康劉主席與中央之隔閡一
時無法調整，彼此嘆惜。馬主席來長時間談話，均關青
海軍政事宜。午十二時，朱部長家驊約兩位馬主席午
餐，余與白建生等作陪。午後四時，全體中央執監委員
至山洞公祭林故主席。余二時半開車前往，過小龍坎，
送馴叔回校。四時公祭開始，總裁主祭，典禮嚴肅。余
回城時與馬主席同車，又作長時之談話（另記）。晚七
時，總裁在中央黨部約全體中央委員聚餐，並看電影。

9月13日　星期一

上午九時參加中央紀念週，蔣總裁主席，並訓話。
大意：首言此次義大利投降，係由美國北非總司令與之
談判，其條件全文事先通知中國，並詢中國意見。現在
未得盟邦同意，不便發表，將來正式簽字，須中國參
加。次言個人感想：

（1）我們最大缺點是我民族不能共同一致合作，如不加痛改，不能存立于世界。

（2）失敗原因在未能尊重命令、服從命令，及不遵守法律。

（3）計劃不能實行，人家說我們是官僚政客不負責任，各主管長官應注意，切實施行。

以上三點如不能覺悟，則全會決議皆沒有用的，抗戰勝利亦是沒有用的云云。禮成，休息廿分鐘，開第八次大會，總裁主席，討論共產黨問題。決議文中之最要者，對中國共產黨，祇冀其不破壞國家統一，不妨害抗戰勝利，不惜再三委曲求全，加以涵容。茲仍當本此一貫之精神，交常會負責處理，詳為開導，促其覺悟。希望中國共產黨能播然自反，切實遵守其在二十六年九月二十二日宣言：

（1）為實行三民主義而奮鬥。

（2）取消暴動政策與赤化運動。

（3）取消蘇維埃，期全國政權統一。

（4）取消紅軍，改編為國民革命軍，受國民政府軍事委員會之統轄等四項諾言。

結語謂把握抗戰勝利之堅決意志之中，不惜寄予殷切之期待也云云。措詞和平有力，甚為得體。又決議中央常務委員連任不改選。午後一時散會。余于午間招待新疆盛主席午餐，以朱一民、朱騮先、張元夫、張文白、徐可亭等作陪。午後四時出席第九次大會，討論大會宣言。選舉蔣總裁為國民政府主席，又選舉（蔣總裁提出）舊任蔣、于、居、戴、孫、孔、葉、朱、劉、覃五

院正、副院長為新任正、副院長。休息二十分鐘，繼續
開會，仍由蔣總裁主席。舉行閉幕式，禮成時已六時
矣。此次全會提案祗卅餘件，且多關重要者，為從來所
沒有，尤以決議：

（一）促進民權政治，如戰後一年以內召集國民大會。

（二）實行實業計劃以改進人民生活，如建設綱領和
　　　獎勵外資兩案。

（三）修改國民政府組織法，選蔣總裁為國府主席。

（四）召集第六次代表大會案。

（五）對于共產黨之和平決議。

等五個重大案件，均得一一完成，此全會中之最有價值
者也。

9月14日　星期二

　　上午回看余漢謀、傅作義、劉建緒諸兄。午後接見
新由印度來渝藏人邦達饒幹，他是西藏唯一大商家邦達
昌主人之一。他兄弟三人，兄羅少庭，現任亞東總管，
為藏方高級官吏，所有邦達昌事業統歸其經理。弟邦達
多吉，現在西康任民軍司令。饒幹、多吉二人向來反對
西康政府，此次饒幹來渝，擬改革藏政，效忠黨國（其
計劃另記）。午後馬主席來談，均關于青海軍事，以省
主席指揮軍事諸多不便。以現在環境，應發表馬氏如集
團軍總司令名義，當即將此意及馬主席此次來渝之請
求，一併函請侍從室林主任轉呈總裁核示。計談二小時
之久。午後六時白健生、張文白公宴盛、馬等主席，余
作陪。

9 月 15 日　星期三

　　馬主席清晨過談，軍委會已有令將馬祿一師青海整理，另準備兩師開陝、甘防奸。同時張文白電話，總裁對于馬主席任總司令有首肯意。午後四時半陪同馬主席晉謁總裁，總裁面諭任馬氏為集團軍總司令，乃兄步青為副總司令，指揮騎兵第五軍及步兵第八十二軍，並以訓示與勉勵。余亦略有表示，並請總裁對馬主席不客氣時加教育，結果圓滿，馬氏此行如願已償。迨馬氏退後，余報告伊克昭盟事變經過，及西康省黨部冷主任委員請予召見，加以安慰。衛俊如弟來談，此次到渝各方觀感均佳，總裁亦十分客氣，或可另派任務。余告以仍當謹慎說話。晚七時羅家倫、翁詠霓兩兄公宴馬等，余作陪。

9 月 16 日　星期四

　　上午九時出席國防最高會議，決議國民參政會延期一年。又關于修改兵役罪及親屬案，討論良久，均以不合情理，予以否決。此乃最高國防會議希有之舉措也。昨日麗安回鄉，惟仁今日來城，馴叔因傷風請假，來家休息。午後六時半，行政院張秘書長、蔣政務處長公宴盛、馬等，余作陪。

9 月 17 日　星期五

　　上午綏遠傅主席來訪，從長討論伊克昭盟事變善後辦法，結果圓滿。今日馬主席兩次來談（約三、四小時之久），彼將青海黨、政、軍及社會各方內容開誠相

告，余亦趁此機會開誠忠告。彼此感情十分進步，因此
余順便介紹天植、文叔兩侄將來到青海服務，馬氏十分
贊同。

9月18日　星期六

　　兩位馬主席及朱長官一民，今日各回本省，余于上
午七時先至馬主席子香處，再一同至馬主席少雲處。八
時偕馬等到九龍坡飛機場，因行李過多，延至十時十分
起飛。今日因送客，未能參加九一八十二週年紀念，及
國民參政會開幕典禮。午後五時鄒海濱先生約晚餐。

青海馬主席到渝旬日之總補記（文叔代抄）

　　青海馬主席子香自前年冬來渝列席九中全會後，中
央對之倚畀日殷。此次十一中全會又奉召來渝，迭經總
裁延見，並給予出兵參加防制奸黨之任務，乃益感興
奮。自彼蒞渝之日至離渝之日，共不過十日，在公私場
合中與余見面次數竟有三十餘次之多，知無不言，言無
不盡，相處融洽，逾越尋常。當時因開會事繁，不及在
日記中詳為記載，茲謹將總裁對子香期望，及余與子
香談話要點，子香此次來渝之表示與收穫，分別補記
於下：

（一）總裁對於子香之期望

　　前年冬子香來渝，總裁曾屢囑其應多讀書、多研
究，此次來渝，總裁與之談話甚多，除在公事方面告以：
（一）先出騎兵一師，防制奸黨；（二）准調馬驃師回
青；（三）准補充輕機關槍及無線電器材；（四）給
予集團軍總司令名義等等以外，並希望其回青海後，

仍應時常讀書。家庭間之相處，應以和睦為主，對於
勛丞先生（子香之叔）應持以寬大。繼援（子香之子）
現二十五歲，英俊練達，將來必大有為，在初僅以副軍
長，所以砥礪之，現只能升充代理軍長，尚希予以督
導。我（總裁）的兒子緯國兩年升一級，少年人不可進
升太快云云。總裁對於子香期望之殷切可概見矣，雖家
人父子亦不過如是而已。

（二）余與子香談話要點

　　余在此十日中與子香見面次數之多及談話之坦率，
已如前述，計余所告彼之要點，約有：

　　（1）在青海軍政體系中，君（指子香）乃居於家
　　　　　長地位，自應度量寬宏，著眼遠大，始足以
　　　　　籠罩一切，即令叔勛臣、令兄子雲等，均可
　　　　　於協助中使其遷善，不必時與齟齬。

　　（2）青海政治方面，須先求基礎之穩定，在青海
　　　　　之外，對君持反對態度者尚大有人在，此須
　　　　　注意使其融洽，俾減少阻礙。

　　（3）青海以地居僻遠，人才素感缺乏，必須多加
　　　　　羅致。

　　（4）余曠觀國內，無一省可與青海媲美，蓋其環
　　　　　境優良，形勢鞏固，殊為西部國防之重地，
　　　　　希望能力加開發與建設，以貢獻於國家。

　　（5）青海乃漢、蒙、回、藏雜處，民族複雜，在
　　　　　感情上務須使其融洽，俾能和衷共濟。至於
　　　　　宗教方面，必須一視同仁，以信教自由為原
　　　　　則，不可因君乃回教，遂偏重回教。蓋君乃

國家代表，非一教之代表也。

以上各點為余對子香寄其期望之意，蓋余覺子香乃有為之人，青海乃有為之地，以有為之人居有為之地，如能更自大處著眼，切實努力，必能多所施展也。子香對余所談各點，均至折服，彼亦將青海內部軍政、人事及家族各方向與坦白披陳。至於有關公事方面之談話，則散見於後。

（三）子香來渝之表示與收穫

子香此次來渝，對總裁表示極為懇摯，收穫亦多。言其要者，計有：

（1）重要表示

子香到渝後謁見總裁，即表示對西藏軍事可負全責，在西康部隊未開動前，西康對藏方面，亦可負責。至於防奸一節，擬將馬騄一師調回，另調一師前往，如不夠，當再增調一師。倘奸黨軍隊竄至川、青、甘邊區，青海自當負其全責也云云。

（2）請得集團軍總司令名義

子香自將八十二軍軍長讓予其子繼援後，即解去軍職，純居予省政府主席之地位，但事實上八十二軍及騎五軍均歸其指揮節制，如此畸形狀態亦至不便。余因為之致函林蔚文兄，屬為轉陳。九月十五日總裁召見，由余陪往，總裁面告以給予集團軍總司令名義，子香聞之，極為感奮。

（3）騎五軍步兵團改騎兵團

騎五軍在青海之部隊計有兩師，每師有騎兵
兩團、步兵一團，而此步兵團中，共約缺兵
額八百餘人。青海人口稀少，補充困難，子
香因請將此兩步兵團改為兩騎兵團，惟騎兵
兩團共約需馬一千五百餘匹，青海可自籌半
數，其餘半數擬請中央擔任。子香向余談及
後，余以中央補充馬七百餘匹，恐感困難，
如欲改步為騎，最好全部馬匹均由青海自
籌，中央僅每月給予馬乾，比較易達目的，
彼甚為贊同。余亦為之致函何總長，嗣得覆
書，謂馬匹如全由青海自籌，可以照准云
云。此事亦可算得一圓滿之結論矣。

（4）馬騄騎兵師調回青海

騎五軍原有騎兵三師，除兩師開駐青海外，
有馬騄一師於前年奉命開駐陝西，現子香又
奉總裁命令，調出騎兵參加防制奸黨。彼以
曩年西北軍曾三次調出青海部隊後，未能回
青，故青海對部隊東開咸懷戒心，因要求將
馬騄一師調回青海整訓。業經總裁核准。

（5）八十二軍編為三師

八十二軍轄有一師及二獨立旅、二獨立團，
現在玉樹者為騎兵一獨立旅、一獨立團，歸
馬旅長步鑾指揮。子香以玉樹對藏防務至關
重要，以一旅長指揮，地位不夠，擬將之改
編為一騎兵師，即以馬步鑾為師長。又在西

寧之步兵一獨立旅、一獨立團，亦擬改編為
步兵一師，以馬全義為師長。此事余亦為之
函請林蔚文兄轉陳，惟尚未得覆示，將來想
亦可無問題也。

（6）補充機關槍及無線電器材

子香要求補充防奸部隊之機關槍及無線電
器材等件，均邀總裁准許。

（7）軍糧問題之解決

青海軍糧過去由軍糧局發給現品，在青坐撥，
惟未發價款，墊付無法。經子香此來，已由
軍政部與糧食部分別查明，予以解決矣。

凡此收穫，均係就有形方面言之，其精神上益獲得
總裁之信任、中央之認識，而予各方面以一極良好之印
象，其收穫尤屬偉大也。

9月19日　星期日

惟仁夫人今日六十大慶，偕子、纕蘅等均來道賀。
馴叔、申叔兩兒，文、俊、方，諸侄均在家中，夫人十
分歡慰。因夫人念佛，一日素餐。

9月20日　星期一

上午八時參加中央紀念週，後出席常務會議。午後
四時出席林故主席治喪委員會，討論工程事宜。晚七時
半蔣總裁招待參政員晚餐，余等各部會長官作陪。申叔
今至巴蜀中學上課。

9 月 21 日　星期二

上午九時出席行政院會議，孔副院長生病，蔣院長親自出席主持。討論交通部追加案多件，並改組本會駐藏辦事處，孔處長慶宗調任本會委員，另以沈宗濂兄為本會委員兼駐藏辦事處長。糾紛一年，藏事處長之人選得此解決，余甚快慰。緣蒙藏委員對中央、對藏方，只有總裁派侍從室秘書前往，方可應付自如也。午十二時陳靄士、屈文六、張溥泉、李組紳四先生約午餐，因擬請德格喇嘛親增上人來渝傳法有所商討，余表示贊同，並擬將來該喇嘛到渝時，送一部招待費。午後六時張義純（靖伯）在郭寄嶠家約晚餐。晚八時訪陳光甫兄，他說經濟確已危險，尤以最近商場衰落，小工場紛紛關閉為可慮，只有希望勝利早日到臨之一法耳。

9 月 22 日　星期三

午後七時半，中央黨部吳秘書長約國民黨國民參政員晚餐，余等中央常務委員均出席參加。因大會軍事報告，共黨有所不滿而退席問題辯論甚多，均以黨團未能盡責為藉口。至十時散會。

9 月 23 日　星期四

綏遠省傅主席、榆林鄧總司令午後回省，特于清晨前往送行。傅出，未遇，鄧晤談，並晤高軍長桂滋。八時半訪陳光甫兄，商談個人生活。余近一年生活費大半賣物維持，擬向農民銀行借支款項，他主張向該行孔董事長說話較為便利。午十二時在百齡餐廳招待邊疆參政

員午飯，計兩席。

9月24日　星期五

上午九時，胡光鑣（叔潛）兄來談，擬用美國資本建設中國工礦事。余告以經濟、政治、國防三種建設應同時併進，並主張宋子文與陳光甫應合作，則對內對外更為便利，余可在政治方面為之幫忙。計談二小時之久。午十二時約衛俊如、戴雲生、葉粹武及郭寄嶠夫婦便飯，都是家鄉土菜，別有風味。午後六時半新疆盛主席來訪，並送惟仁夫人水鼠大衣，余亦送盛茶葉、杭綢及胡、左墨蹟等件。並告盛曰，余最崇拜胡文忠公，他是聖賢心腸、英雄手段，希望兄學問如胡公。左文襄公一生事業在新疆，兄現已坐鎮新疆，希望兄對黨國多負責任，事業在左氏之上，這是余對兄所期許云云。他表示誠懇接受，並秘告曰不久將返新，臨行再來辭行。彼此感情十分進步，遂幸辭而別。余對盛氏用期許二字，似有不客氣之意在焉。

9月25日　星期六

招待邦達饒幹午餐，並約西康省黨部冷主任委員曝東、川康綏靖鄧主任代表趙巨旭等作陪。晚八時出席林故主席治喪會第七次會議。

9月26日　星期日

午十二時，在百齡餐廳招待回教堯樂博士、麥斯武德午餐，方治（希孔）、邵華（建公）作陪。餐後與

方、邵談皖省黨務。方、邵二君均係本黨中央委員，忠實可靠。余告二君曰，你二人在中央是本黨中間分子，在本省是本黨領導者，望多多努力云云，余老矣，惟希望後進多負本黨責任耳。江蘇省主席韓德勤（楚箴）偕顧希平、趙次驊來訪。據韓云此次在江北退卻之經過。

9 月 27 日　星期一

上午九時參加中央紀念週，後出席國防最高會議。午後五時參加國民參政第三屆第二次大會休會式。

9 月 28 日　星期二

上午九時出席行政院會議，仍蔣院長親自主持，十時廿分散會。馬鴻賓昨日到渝，白建生招待午餐，余與張文白等作陪。午後三時回鄉，此次一個月在城，事甚冗忙。

9 月 29 日　星期三

現在物價日高，余個生活深感困難，最近一年除上海銀行借支若干，餘均變賣物品維持。此次在城，特託陳靄士先生代向農民銀行借支，能否成功，不日當可回話。整個公務員生活確已至掙扎時期。

9 月 30 日　星期四

歐洲戰事由義大利投降，到斯摩稜斯克收復，予軸心國重大打擊，同盟國勝利大放光明。蘇軍現正沿聶伯河進攻白俄羅斯，戰場已移基輔外圍河濱，蘇軍收回領

土，恢復戰前態勢，勢所必然。今後蘇聯可攻可守，可
戰可和，可以操縱同盟、軸心兩方面，可以隔岸觀火，
可以坐收漁人之利，舉足重輕，乃天生之驕子也。

10月1日　星期五

上午九時出席本會月會。首就十一中全會通過之重
要案件加以說明，次言與盛、龍、馬、馬、傅各省主席
接洽蒙藏事宜，彼等非常量解，與本人意見相同。末述
同人生活時在念中，當此物價高漲之際，我們應一面從
公，一面以多餘時間與人力自謀補救之方法，如擴大合
作社，辦理公共食堂等等。

10月2日　星期六

【無記載】

10月3日　星期日

上午八時半偕倪劍飛兄進城，特先到陳家橋約曹纕
蘅兄，一同至金剛坡鹽務署訪總辦廖劍霜兄，擬請該署
補助邊政公論經費。廖很誠懇表示幫忙，纕蘅留廖處午
飯，余進城。午後四時參加總裁招待國民黨參政員茶
會，總裁有所指示，孔參政員庚、褚參政慧僧等先後發
表意見，均關黨政問題。

10月4日　星期一

上午七時半訪馬軍長鴻賓（子寅）。上午九時參加
中央紀念，後出席中央常務會議，對于中央人事有所調
動，決議宣傳部長張道藩調海外部長，其遺宣傳部長以
梁寒操繼任。又決議選任張人傑、章嘉、馮玉祥等十八
人為國民政府委員。又秘書長宣告，總裁雙十節（十月
十日）就國民政府主席職。

晉謁蔣總裁

本晚（四日）九時總裁臨時約見，其談話如下：

（1）總裁首詢余對于此次中央十一中全會與參政會開
　　　會之感想。余答曰全會案件多有內容與迭次全會
　　　大大不同，如定期召開國民大會、定期召開第六
　　　全國代表大會，使人民與本黨同志得一個安慰；如
　　　歡迎外資，表示我們無排外思想；其他如對共黨
　　　之決議等等案件，切合時宜，均可使社會滿意。
　　　至參政會職權只能如此，不能發生多大作用，不
　　　過經濟問題是大家所屬望的，全會未能有具體
　　　決定，未免美中不足。經濟為何至如此地步，要
　　　查明負責任的人，無論辦什麼事要明責任、嚴賞
　　　罰，這是幹政治不易道理，雖舊話，確是很重要
　　　的。現在一般人對于經濟心理恐慌，我向他們說
　　　我們有米、有兵、有黃金，何必恐慌。但經濟未
　　　辦好是人事未盡，應在人事上、技術上求進步。
　　　總裁深以為然。

（2）總裁云雙十節就國民政府主席職，應通知西藏政
　　　府。又云新駐藏辦事處長應由印度入藏，較為便
　　　捷。又云九月十三日，中央飛機兩次在昌都上空
　　　盤旋（每次半小時），未見一人，早已躲避。因
　　　此談到西康問題，未得結果，余並謂余辦理邊疆
　　　政治，最怕出事，一切取穩健主義。又談西藏問
　　　題，彼此均認為關係在英國，如英外交有辦法，
　　　則藏事不難解決矣。

（3）余報告擬派軍委會辦公聽副主任姚琮、蒙藏委員

　　會楚處長明善，前往伊克昭盟辦理此次事變善後
　　及安撫諸事宜。

（4）余報告邊政公論經費困難，勢將停刊，請予補
　　助。允為照辦。

（5）並言到邊疆建設，余主張擇其要者先辦幾件，尤
　　應注意邊疆政治。

計談半小時。

10月5日　星期二

　　上午八時冷曝東兄來訪，彼此均認為調整西康想不
出好的方法。上午九時出席行政院會議，孔副院長因病
仍未出席，總裁親自主席。午後接見西藏代表阿汪堅
贊，告以駐藏辦事處長已改換沈宗濂君，又告總裁雙十
節就國府主席職。接見西康省委楊秉離、本會委員格桑
澤仁，分別談康、藏一般情形。前託陳靄士先生向農民
銀行借支生活費三十萬元事，陳說一次借卅萬不易辦
到，已與顧總經理商量，可以分期借二十萬元，如第一
次拾萬元，第二、第三次各五萬元，可以不必向董事長
說話，總經理有此權力。該行能如此變通，皆陳、顧兩
先生之幫忙也。

10月6日　星期三

　　午十二時，與戴院長共同招待馬軍長子寅午餐，張
文白、徐可亭、朱騮先、張厲生等作陪。

10月7日　星期四

上午偕惟仁看郭寄嶠夫婦、陳光甫夫婦。午後光明甫先生來訪，他說現在政治離開法治太遠，因此紛亂。我國自古以來，國家之興衰皆在國法能否推行，近代英、美諸國，無一非法治者也。

10月8日　星期五

上午訪陳伯蘭兄，暢談二小時，均關過去軍政爭論之舊事。一言以蔽之，不外受政客挑撥離間，有以致之。彼此結語，前事不忘，後事之師，應以此為戒。彼無心軍事，有志服務社會，其修養心身較前大有進步。彼雖曾開府廣東，稱雄一時，今則破屋二、三間，過甚簡單之生活，殊令人敬佩不已者也。盟軍潛水艇深入對馬海峽，于五日夜擊沉馬關、釜山間敵渡輪，計共乘客六百六十六人，僅九十二獲救，這是日本本土受到最大之威脅。

10月9日　星期六

午間約財政部秘書長魯伯純兄便飯。昨日魯來訪，余外出，今日特與之暢談經濟。他認為經濟並非無辦法，皆因用人未妥之故也，他主張余與孔副院長兼財政部長多多談話，尤其關于政治問題。余曰余乃政治家之政治，非政客之政治，所謂政治家之政治者，就是大者遠者，治國大道也。魯又說經濟部門包括財政、經濟、糧食、農林、交通五部，而財政部關係更為重要，如金融、物資、貿易、稅務等等，皆財政部主管。但未能辦

好，確是事實，倘不即時設法補救，則經濟前途將日趨危急。所謂補救者，非改用人才不可者也。

10 月 10 日　星期日
記蔣主席就職

今日國慶日（雙十節）適逢國府蔣主席舉行就職典禮，于上午十時在國府大禮堂隆重舉行，禮堂佈置極為莊嚴壯麗。十時典禮開始，到余等中央委員及各長官等四百餘人。蔣主席在禮樂聲中蒞臨禮堂，由國民黨年最長者吳監察委員敬恆監誓，蔣主席就位，並宣誓（有恢復國家領土，增進人民福利等語），後受印。蔣主席答詞，並登禮台，致國慶紀念詞（中有守法負責，完成抗戰建國使命等語）。詞畢，行觀賀禮，禮成並攝影，以留紀念。十時五十分，余率領西藏總代表阿汪堅贊、代表羅桑扎喜等四人晉謁蔣主席致賀（這是主席就職後第一次見面），並獻哈達。又面呈西藏打札攝政暨四噶倫賀電，該兩電措辭頗為得體，頗為恭順，主席甚為歡喜。有此賀電，西藏與中央之情感，當可希望好轉也。蓋自星期一（十、四）總裁指示後，余即分別急電藏當局，並約見西藏代表阿汪堅贊等，面示機宜，今乃如期得此圓滿目的，余心十分快慰。由此可知，把握時間是成事重要之條件。

晚八時（十、十），蔣委員長夫婦在國府舉行主席就任首次招宴黨、政、軍各首長，余準時前往。席間，主席勗勉同人為國奮鬥。

10月11日　星期一

上午九時，中樞紀念週與五院院長暨國府委員舉行宣誓禮合併舉行。蔣主席主席，吳委員敬恆監誓，分別致訓，勉以一心一德，實現主義。余準時前往參加典禮，完成後，再出席國防最高會議。冷曝東兄日間返城都，午後特來辭行。余表示對彼昆仲之感情，與杰生兄生前如一，至對劉主席之幫助，亦始終如一，不過劉氏自杰生兄去後形勢日非，與中央之隔閡無法打開，倘有杰生在，何致若是焉。

10月12日　星期二

上午九時出席行政院會議。午十二時半，孔副院院庸之約李協和、馮煥章及余等老同志午飯，午後偕小魯等回鄉。

10月13日　星期三

本日未出門，在家休息，身心皆安。

10月14日　星期四

上午到會辦公，本會當前比較重要事件有：（1）西藏懸案問題；（2）班禪轉世問題；（3）伊盟善後。

10月15日　星期五

上午九時出席本會各小組組長會議。據各組長報告，不外私的方面生活維艱，已至最後階段；公的方面因經費困難，業務無法推進。現在經濟危急至如此地

步，若不積極設法調整，必至人心解體，影響社會、影響抗戰，究不知負經濟之責者，將何以善其後也。

10 月 16 日　星期六

關于伊克昭盟事變宣撫及善後有關辦法、經費、派員等事項，業于日前會同何參謀總長擬具具體意見書，簽請總裁核示。經奉准，派軍委會辦公廳姚副主任琮（味莘）、本會蒙事處楚處長明善等前往，惟以應付事機迅速起見，奉令改乘飛機。又所請該員旅費等一百九十餘萬元，善後費四百萬元，均奉核准。似此措施，則伊盟事變可告結束，此亦本會當前重要工作之一也。

10 月 17 日　星期日

午後偕張承熾進城，過小坎南開校看馴叔。最近國際間有兩個重要會議：（1）美、英、蘇三國外相，在莫斯科會議；（2）英、美負責高級軍官蒙巴頓將軍等來重慶，與我最高當局之會議。此後世界戰事因此兩會，當有新的發展。

10 月 18 日　星期一

上午九時參加中央紀念週，出席中央常務會議，推余主席討論，討論地方黨部經費等案，時間甚久，乃遲至十二時半散會。嗣又開林故主席治喪委員會，先討論工程事宜，遂決議十一月十七日午後二時舉行奉安典禮，再擇期舉行國葬典禮。至一時半散會，即在國府午

飯。午後四時由本會召開中央有邊政機關坐談會，余主
席。先由余報告蒙藏政務，繼聽取各機關報告。余最後
評論曰，此次會報余最有印象者，就是中央各機多能明
白邊情，並能在業務上確實推進，尤能彼此聯絡團結，
都是從來所少有。惟中央在地方之機關未免散慢，很多
磨擦，往往發生事故，甚望各地方中央機關亦效法中央
一致團結，則邊事不難治理也。六時散會，後聚餐。

10月19日　星期二

上午九時出席行政院會議。余向來注意公務人員醫
藥費，曾于去年院會席上提出請求救濟，故于今年國家
總預算列一千萬元醫藥費，早應分配，乃遲至今日院
會，院會始行報告不完全分配辦法。余當即發言曰為何
遲至十月將完纔發表，此案辦事人未免太不負責，而分
配太少，仍無法解決病人困難云云。

記與傅汝霖（伏波）兄談話　十九日午後

午後傅伏波兄來訪，據云與孔庸之兄談話，主張孔
與余合作，共負行政責任。又談經濟問題，他主張銀行
借款應改作定貨，放款應改作投資。余表示曰孔先生是
忠厚長者，我與他感情甚好，將來孔先生如須要我幫
忙，我當為之盡力也。少頃，陳光甫兄來訪，我將傅的
經濟主張轉詢光甫，他說如此辦法，勢必增加法幣發
行，豈不是又要發生其不良影響。照傅、陳所言，各有
理由，則經濟調整之難，于斯可見。

本會常務委員唐柯三昨（十八）晚中風，人事不
知，特于午後四時偕昆田前往慰問，病勢確是危險，而

白髮老妻立在床側照顧，情形甚為悲慘。晚（十九）七時沈宗濂兄來訪，談入藏辦法，當告以應準備三事：（1）經費；（2）人員；（3）經過印度護照。

10 月 20 日　星期三

與農民銀行昨日正式簽訂合同，借款二十萬元，週年息八厘，無擔保。此等便利，銀行法規所無，余深感陳、顧兩先生之幫忙。余每月生活用費須三萬法幣，此二十萬元可維持六個月。余鄉、城兩處住家及讀書學費，用費浩繁，每月薪公只五千元不滿，無法維持，故一年來以賣物為生。若物價有長無減，則生活維艱，豈余一人而已哉。

記看陳果夫兄的病　十月二十上午

陳果夫兄生病，余偕偌子、惟仁前往慰問。特于上午八時乘車過江，九時至南溫泉，再乘轎至白鶴嶺陳宅。比晤果夫兄，見其精神甚佳，余夫婦甚為歡慰。緣果夫兄素患肺病，身體素弱，前日忽患類似肋膜炎，蔓延腰後部，起大塊紅腫，經多數名醫研究，施用手術，結果良好。現在熱度不高，食量亦佳，似已過危險時期，當可日漸痊愈。果夫兄一見余夫婦，至非常高興，很希望與余多談話，余因其大病在身，特婉辭退出。仍回南泉，乃承侍從室第三處秘書羅時實（佩秋）兄，約余等乘小舟到小溫泉沐浴並午餐，招待殷殷，十分感謝。午後二時回城。午後四時會晤本會格桑澤仁委員，據云自中央飛機到昌都後，西藏恐慌，彼願從旁運用，效忠黨國。午後五時甯夏馬軍長子寅來訪，報告中央批

準發給武器等等，十分滿意。子寅老成持重，在西北最
有聲譽者。唐井然兄來訪，報告軍委員會已發表其為青
海第四十集團軍參謀長，託余向青海馬主席進言。查青
海前已保馬全義為參謀長，而中央現發表唐氏，未免事
出兩歧，難免糾紛。余告唐曰稍緩數日再定對策，如果
將來可以入青，則定向馬主席為疏通也。

10 月 21 日　星期四

　　川康綏靖鄧主任錫侯代表趙巨旭兄新由城都回，午
後三時來見。據云鄧主任有意研究西藏問題，託余供給
材料，余允照辦。茲就趙氏談話語氣加以分析，鄧以顧
全川、康大局為原則下，有志西康，探余之態度如何
耳。余難表示。

10 月 22 日　星期五

　　午十二時半，余夫婦招待邦達饒幹夫婦與公子午
餐，並約財政部次長顧翼羣夫婦、外交部次長吳國楨夫
婦，及新任駐藏事處長沈宗濂兄作陪。

10 月 23 日　星期六

　　上午九時接見西康伍參謀長培英，彼此交換對藏意
見，他有貫澈軍事政策之意，早要如此，何致犧牲冷杰
生耶。余告伍曰余對藏主張政教運用、軍事佈置，數月
來很有進步，此種主張是始終不變的。伍又說西康劉主
席下月來渝晉謁總裁，余表示歡迎。總之，西康局面是
其自誤，已一誤再誤，時至今日，其如未覺悟，何余欲

幫忙亦無法耳。隴海鐵路局長陸福廷兄來訪，據云共黨
現在不致發動攻勢，亦不能服從中央，不過中央防共軍
隊應加整理。

10 月 24 日　星期日
孔明治蜀語錄

限之以爵，爵加則知榮；

威之以法，法行則知恩。

這是以法為對象之政治，凡治國者，應該如此也。

10 月 25 日　星期一

上午九時參加中央紀念週，後出席國防最高會議，
十一時散會。再出席林故主席治喪會。午後至姚味莘公
館弔伊父喪。彭學沛兄（浩徐）來訪，他現任中央委
員，曾任行政院政務處長、交通部次長，素與汪精衛接
近，因此影響，未負實際責任，暫時閉戶讀書。此人精
明強幹，有辦事才能，與余素少往來，今日忽來訪。余
很誠懇表示曰，應求學術之進步、身心之修養，為將來
效忠黨國之準備。彼深以為然。繼又表示想往美國考
察，余很直率答曰，現在機會不夠，可從緩。彼認為我
的答復不是敷衍，確是真誠。

10 月 26 日　星期二

上午九時出席行政院會議，因增加公務人員生活費
案，討論時間甚久，以公務人員生活應增加，而國庫支
出有顧慮。孔兼財政部長曰，如卅三年度公務員生活費

增加十萬萬元，可想辦法，多則國庫不能負擔。結果下星期二再決定。午後偕熊代處長回鄉。

10 月 27 日至 31 日　星期三至日
【缺】

11 月 1 日　星期一
【缺】

11 月 2 日　星期二

上午九時出席行政院會議。午十二時半，招待西康第廿四軍將領軍參謀長伍培英、副軍長兼 136 師師長陳鴻文、137 師參謀長金搏九、137 副師長陳懷勛（號慰中）及其駐渝辦事處長等午餐。席間余暢論國內外形勢，及抗戰必勝之信念。

英美蘇中四國共同宣言（昆田記、文叔抄）　十一、二

本日報戴，英、美、蘇、中四國在莫斯科簽訂聯合宣言，共計七條。綜觀其要義，約有如下數點：

（一）保證蘇聯不干涉中日戰事，同時英、美、中對目前蘇日關係，亦能諒解（第一條）。

（二）保證英、美、蘇、中對軸心之戰爭採取共同行動，不單獨媾和（第二、三條）。

（三）協商建立國際間普遍安全機構，以保證和平（第四、五條）。

（四）保證英、美、蘇、中在此次戰後，彼此不得以武力侵犯（第六條）。

（五）關於戰後軍備之分配與合作，期能成立協定（第七條）。

此五項意義不啻為世界戰局及永久和平，開闢一光明大道，對於我國目前與將來，關係尤鉅。據余之所及，計：

（甲）在抗戰期中，可取得英美之合作，既不慮英美

之以我為犧牲，復毋虞蘇日之協力謀我。

（乙）戰事結束以後，中蘇、中英之邊界問題，可得
　　　協議解決，我外蒙與西藏雖難免仍為糾紛焦
　　　點，但當不致引起武力衝突。即西南與西北之
　　　國防，已有相當保障。

（丙）我戰後之國防及軍備建設，可取得國際間之
　　　助力。

　　由是言之，此次四強聯合宣言對於世界安全之貢
獻，及我在其中之收穫，良極偉大。茲姑誌之，以待驗
於來日。

11月3日　星期三

　　軍事委員會參事王世杰兄奉派聘問英國，日間起
行，特于本日上午十時約晤，研究有關西藏對英外交事
宜。余力主趁此機會設法調整，談二小時之久，彼此意
見略同。蓋藏事關鍵在英國，倘能得英國諒解，則中央
對藏問題，自然迎刃而解也。又在參事室晤同鄉孫澄方
兄。伊壽縣人，留學英國，現任參事室主任秘書，輕年
有為之才。

11月4日　星期四

　　同鄉周培志來訪，他是合肥西鄉人，留學英國，中
央大學教授，善長英國語文。午十二時，招待江蘇韓主
席德勤、姚副主任味莘及趙參謀長次驊等午餐，纕蘅等
作陪。午後三時，財部秘書長魯伯純再來暢談，多關余
與孔庸之先生合作事，余亦作很誠懇之表示。

11月5日　星期五

近日鄂西復起激烈戰事，規模較大，我軍正迎擊中。敵人此次蠢動，不外牽制我攻甸軍事，及威脅我湘、桂等省飛機場，以防轟炸日本本土。據美國陸長史汀生稱，美機昨日（三日）白晝轟炸德國威廉港時，出動飛機逾千架，此為歷史上最大白晝轟炸云云。查德國進攻蘇聯已告失敗，現在遭受盟國重大轟炸，其制空權已為盟國所有，更有最近中、英、美、蘇四強在莫斯科之宣言，益增意見一致，精誠團結。就以上因素而言，德國之屈服乃時間問題，而日本之恐慌乃至崩潰，亦是時間問題耳。

記日本東方會領袖中野正剛之死

十月廿六日，日本召開議會臨時會議，東條首相開幕詞中充滿哀鳴。當晚續開秘密會議，東方會會長中野正剛均與焉。會散返來，突然切腹自殺，遺書稱「我眼睜睜瞧著日本以死，死無遺憾。」可見中野實因悲觀國事而死。彼為日本卓越之政治家，其中心主張為親德、攻蘇、反英美，對華則主和好。一九三九年歐戰發生，中野主張即速撤退在華軍隊，以事南進；一九四〇年法國崩潰之時，中野以南進之日已急不容緩；一九四一年德攻蘇聯，中野又力主夾擊蘇聯；嗣又創議攻印，俾德、日會師波斯。奈日軍閥對中野諸說一再延誤，此天命使然乎。

11月6日　星期六

交通部郵電司司長趙曾珏來見，研究邊疆郵電。余

告趙曰，應注意下四點：

（1）加強青海、西康郵電，尤須注意向西藏邊區發展。

（2）應充實及整理西藏（拉薩）無線電。

（3）雲南之阿敦子似可設一簡單電台。

（4）赴邊區工作人員要選穩練而能吃苦之人才。

11月7日　星期日

　　清晨訪陳光甫兄，據云美國借與我國之黃金對于經濟沒有多大用處，目前最要緊是由美國運輸物資來華。上午十時至新運總會參加老同志李紀堂追悼會，李氏曩年捐巨資助革命，功在黨國。蘇軍六日攻克烏克蘭德軍中心據點之基輔，克里米亞德軍處境更危，同時德國本土遭受盟機嚴重轟炸，人、物之損失不可計算，其影響軍需生產更為嚴重，似此情形，日近瓦解之途。西南太平洋美日海空軍將大戰，敵援拉布爾各種艦船五十三艘，內戰艦出動，此為美日兩國中途島戰役後，最大一次之海空戰。

11月8日　星期一

　　上午九時參加中央紀念，後出席國防最高會議。據外交報告，美國輿論認為莫斯科中、英、美、蘇四強宣言，蘇聯不再受日本威脅，終將參加太平洋對日戰爭。此正與余觀感相同，惟望四強堅守宣言，世界幸甚，中國幸甚。午十二時姪孫建文抵渝，余十分歡慰。蓋建文係我房長孫、和仁三姪之子，今年二十歲，已于本年暑假高中畢業，由安徽教育廳保送教育部，分發重慶大學

商學院。午後二時參加中央委員王陸一先生追悼會。午
後四時格桑澤仁來辭行，擬明日回西康。

11 月 9 日　星期二

上午九時出席行政院會議。本日午後四時四十分總
裁召見邦達饒幹，預定以蘇大成翻譯，因蘇赴成都未
回，且饒幹見總裁時報告對藏革命計劃，未便請他人代
譯，無已，請沈處長宗濂用英文翻譯（饒幹通英語、印
度語且略通華語，係藏人最聰明、最有思想之人才）。
午後四時半偕繼雅等回鄉。今日天氣忽轉寒（五十四
度），乃今冬首次之大寒。

11 月 10 日　星期三

本會蒙藏各地區很少附屬機關，頗為不便。特與小
魯、劍飛研究，擬在榆林、蘭州、康定等處各設辦事
處，以資聯繫。

11 月 11 日　星期四

曹纕蘅兄來訪，閒談甚快。得城會電話，軍事委員
會發表衛俊如弟為遠征軍司令長官，負滇緬軍事之責
任，在赴任之先，擬與余晤談。

11 月 12 日　星期五

物價近來更飛漲，雞蛋五元六角一枚，其他可以類
推。公務員生活之困難，已至危險階級。

11月13日　星期六

西藏問題就是英國人從中作祟。余于取消不平等條
約時，主張有關西藏對英懸案，以及英人在藏駐兵種種
特權併案討論，一律解決，但外交當局因國際環境未能
採摘，深以為憾。擬再上書總裁，在大戰結束前相機與
英國談判，能否採納，雖不得而知，然對藏職責，可告
無愧。倘照外交當局主張，大戰後再與英國談判，恐西
藏無收回之望矣。

11月14日　星期日

上午九時進城，過南開看馴叔。衛俊如已奉令任遠
征軍司令長官，日內將赴昆明就職，特于午後二時與之
會面暢談。余告以應注意數點：

（1）此次要與盟軍之英美聯合攻滇，故于盟國軍官須
　　　加以聯繫。
（2）對于雲南龍主席以及地方人士，應切實聯絡。
（3）此次進攻緬甸，後方路遠，要留相當預備隊。
（4）你的功名早成，此次遠征只要平平妥妥，就是大
　　　收穫。

他深以為然，表示接受。晚間外事局副局長汪世銘兄來
訪，據云將有升正局長可能，又論最近國外戰事。

11月15日　星期一

本會楚處長及白鳳兆、張仲偉兩科長，明日隨同姚
副主任味莘飛蘭州轉綏遠，辦理伊盟事變之善後。清晨
來辭行，有所請示，余答曰此去應以公正和平、息事寧

人，為辦理此次善後唯一之原則。上午九時參加中央紀
念週，後出席國防最高會。午後分別接見王委員應榆、
李集團軍總司令鐵軍、糧食部孫督察中岳等。王不願就
新發表廣東省府委員，有請保留本會委員之意。李將去
甘肅河西統率軍隊。

11 月 16 日　星期二

上午九時出席行政院會議。

11 月 17 日　星期三

國府林故主席今日舉行奉安典禮，余于十一時卅分
前往山洞雙河橋故主席官邸參加。于十二時卅分典禮開
始，由本黨總裁兼國府主席蔣，率文武百官在靈堂公
祭，並恭讀啟靈文。十二時四十分，靈櫬于哀樂聲中奉
移出靈堂，總裁兼國府主席率全體中央委員、監察委員
及中樞各省長列隊執紼。行列自靈堂出發，婉蜒于道，
隨哀樂徐徐前進，其時細雨紛紛。抵達陵寢時，向林故
主席肅禮致敬，恭移靈櫬入陵墓，于午後二時正，于莊
嚴肅穆之中敬謹奉安，旋在靈前舉行奉安典禮，恭讀奉
安文。禮成後，余即回城。午後四時接見川康綏靖主任
鄧晉康代表趙巨旭兄，據述鄧主任對藏意見：

（一）中央此時有經營西藏必要。

（二）川、康應負對藏責任。

（三）在目前希望西康劉主席能出而負責，如劉主席
　　　不克達到此項任務，鄧主任願負責完成。

又據趙巨旭聲稱，此事極為慎密，惟鄧主任及其軍長

黃逸民、秘書長李鐵樵參與云云。當將此情轉陳總裁
參考。

11 月 18 日　星期四

近來鄂西戰事甚烈，常德吃緊，滇西敵人亦蠢動。
關伯冕介紹李崇年來談實業。

11 月 19 日　星期五

午後一時至中央訓練團演講，題為余廿八年入藏之
觀感，遵照該團約定演講一小時，至午後二時完畢。余
素來不慣演講，尤不喜演講，經該團段主任一再請求，
情不可卻，只得勉強應命。查該團已辦至第二十八期，
余到該團高級班演講過一次，此乃第二次，此次到堂聽
講約九百餘人，均是本黨黨政幹部。午後二時半訪陳光
甫兄，據云物價仍要高漲，長此以往，最後必至法幣失
去作用，變成以物易物，補救方法只有從美國用飛機運
物資來華。

11 月 20 日　星期六

上午接見前隨余在皖、黔兩省任專員之向乃祺（伯
詳）兄，又見安徽省黨部書記長魏壽永君，暢談皖省黨
政，深覺廣西同志可與皖省同人合作，從中操縱者皆他
省人也。午後接見黃鐵民君，他原來在政治部服務多
年，以為軍人出身仍應從事軍事，現從團長實際帶兵做
起。余深表贊同，前途必有希望。

11 月 21 日　星期日

　　清晨與耀文、小魯、昆田、芋龕研究一般藏事，作有條理之計劃。故老友龔鎮洲兄女公子普生來見，伊篤信耶穌教，前由教會派赴美國，日前回國，擬日內赴城都。余告以應保重身體。

11 月 22 日　星期一

　　上午九時參加中央紀念週，後出席國防最高會議。據軍事報告，滇西渡過怒江小部敵人已經我軍擊潰，現已敗逃西岸。至鄂西、湘東敵勢加強，我軍正在阻擊中，今、明兩日將在常德附近大會戰，勝負關係甚巨云。

11 月 23 日　星期二

　　上午九時出席行政院會議，正、副兩院長均因事未能出席，推行政院供職最久之何軍政部長主席。蔣總裁上星期四飛印度轉北非，與羅斯福、邱吉爾美英兩巨頭會晤，期望已久中、美、英、蘇之蔣、羅、邱、史（特林）四巨頭會談，此次或有實現可能。果爾，則盟國前途大可樂觀。總之崩潰暴日，如蘇聯不參加作戰，則非短時間可以能成功也。晚七時宋子文、徐可亭兩兄請晚餐，有戴季陶、張屬生諸君在坐。

11 月 24 日　星期三

　　上午九時偕小魯、耀文回鄉，並順送纕蘅兄回陳家橋寓所。

11 月 25 日　星期四

錄元代萬松老人語：

> 以儒治國，以佛治心。

> 這兩句話是顛覆不破治國修心之哲理。

11 月 26 日　星期五

　　故友張亞威兄之公子華祥，現在重砲兵隊任連長，即駐在永興場附近，今晨偕該營營副馬冲北君來見。據云該連原定日內開赴巴東前線，現奉令暫緩。我國此種砲兵甚少，如實行反攻，確需此種砲兵助戰也。駐藏辦事處秘書華寄天由拉薩回渝，今午後來見。據云對藏只要用相當壓力，一切問題自易解決，現在青、康不能放鬆軍事。

11 月 27 日　星期六

記柏林連遭猛炸

　　柏林連遭英機空襲，本月廿三晚被擲二千三百噸炸彈後，驚魂未定，翌晨，英機又往襲擊。過去五夜中已襲擊三次，往襲之英機幾悉為四引擎大轟炸機。三次空襲中，柏林共已落爆炸彈與燃燒彈五千噸，若平均每彈以三百磅計算，落彈共達四萬枚。英國謂柏林現已成為世界受炸最烈之都市，德國亦承認為德城市遭襲最猛烈之役。聞柏林熱鬧街市及要人住宅多被夷為平地，德國軍火部九層大廈僅餘一層，希特勒之總理府為政府區僅存建築中之一。英方宣稱此恐尚為盟方冬季攻勢開始而已，將來有達最高峰之猛烈程度云。

11 月 28 日　星期日

　　我常德保衛戰激烈進行，敵衝鋒被擊退，我第五十七師長余程萬率所部忠勇官兵，碧血丹心，保衛常德，其愈戰愈奮之精神，實可感泣人天。敵我死傷均重，我生力軍抵敵後夾擊，當可得殲滅敵人之目的。近日在鄉有空，約王氣鍾來家談中國歷史。王原來學史，國文甚佳，現在本會任簡任秘書，是可造之才，不過素有吐血病，直是美中不足也。

11 月 29 日　星期一

　　上午九時出席紀念週，由熊處長報告藏事。十時參加秘書室小組會議，關于秘書室各部門之工作有所詢問，並加以指示。見戴學禮，命其擔任對藏廣播，緣本會藏語廣播始終未辦好，外間頗有物議。

11 月 30 日　星期二

西藏局面較為好轉

　　西藏自設立外務局，至衝擾駐藏辦事處，其惡化達最高峰。我用軍事佈置、政治運用兩個原則（就是恩威併用）與之周旋，一年以來，藏方用軍事、政治、外交（利用英國人干涉）種種狡滑方法，均經我一一紛碎，尤以我飛機到昌都上空飛旋，更使之畏懼。無已，只得見風轉舵，敷衍一時，乃于蔣主席就職時來電慶賀，並在拉薩舉行盛大慶祝（西藏自民國以來，對中央向來無此禮節），中央亦發款布施三大寺，所謂禮尚往來也，亦是宗教上運用之一種也。最近我派沈宗濂繼任駐藏辦

事處長，經電藏方于該處長由印入藏時，囑其支應烏拉等等。頃據達札攝政及噶廈復電表示歡迎，並于藏邊卓木地方，派內先（官名）歡迎，又派軍隊保護，途中招待及騎馱、烏拉均特別準備云云。似此情形，中央與西藏關係好轉，此皆恩威併用之結果也。惟藏人反復無常，畏威而不懷德，吾人在現狀下，政教運用固屬重要，而軍事威脅不旦不能放鬆，且要加強，使其就範。如再能乘機將英國外交加以調整，則統一西藏與實施國家制權，乃指顧間耳。余當向外交當局建議，相機與英國開始談判。

12 月 1 日　星期三

上午九時主持本會月會，並訓話，計分三段：
（1）檢討卅二度工作之進度；（2）國內外戰事及一般
國際形勢；（3）有關公務人員生活之經濟。最後勉勵
同人克苦耐勞，完成抗戰大業。

12 月 2 日　星期四

預讓為智伯報仇（古典所謂預讓吞炭）

士為知己者死，女為悅己者容。

春秋時有預讓者，忠于智伯。智伯為趙襄子所滅，
預讓立志報仇，受盡艱苦，吞炭變音，塗容毀面，以為
刺趙襄子。以上兩語係預讓立志報仇所發，充份表現忠
義之氣慨。

蒯澈知機

跖犬吠堯，吠非其主。

漢高授意呂后誅韓信，信臨死前嘆曰，恨未聽蒯澈
之言。漢遂捕蒯澈，而訊之曰，勸韓信反乎。對曰，事
誠有之，予當時祇知有韓信，不知有漢高也，遂言跖犬
吠堯，吠非其主之意義。漢因其忠，恕其無罪。

12 月 3 日　星期五

常德會戰已有旬餘，上月杪達最高峰，敵以飛機、
毒氣助戰，攻勢猛烈，我守城官兵晝夜堅苦巷戰，至今
常城屹然不動。我各路援軍已到常城附近，可轉危為
安，該師長余程萬自稱在必死中求成功。

12月4日　星期六

記開羅會議（余口述，兆麟筆記，文叔抄）

我國府蔣主席於十一月廿一日飛抵開羅，參加中、英、美三國領袖會議，隨行有蔣夫人等數人，羅斯福總統及邱吉爾首相以下，美、英軍事暨外交人員多人參與。三國領袖會晤五日，會後發表公報，大意凡四點：

（一）決以不鬆弛之壓力加諸日本。

（二）剝奪日本在太平洋所佔島嶼。

（三）東北四省及台灣、澎湖列島等地歸還中國。

（四）在相當時期，使朝鮮自由獨立。

美國紐約前鋒論壇報社論評曰：「四大盟國已為其政治展望及軍事計劃之統一，奠定強國基礎。」蓋此一會議，在軍事方面已定下對日共同作戰的全盤一致之計劃，在政治方面又申明我們對日作戰具體之目標。具體言之，開羅會議之成就有下列數端：

第一、摧毀日寇之戰略，已由此決定。

第二、戰後太平洋局勢亦經奠立。

第三、英、美保證我國得恢復東北四省及台灣、澎湖，雖然蘇聯並未參加會議，但相信蘇聯必完全同情中、美、英三國關於遠東問題之決議。

第四、中、英感情之隔閡，在會議中經羅斯福之調停，當可求得諒解。

開羅會議方告圓滿結束，蘇、美、英三國領袖（史大林、羅斯福、邱吉爾）會議聞已接踵而至，前者對象為日本，後者對象為德國。展望前程，甚感樂觀，我國目前惟有解決當前經濟危機，充實軍事與調整政治，以

迎接大勝利之蒞臨耳。

12 月 5 日　星期日

上午九時進城，因纕薇移居土灣，特至陳家橋送伊夫婦赴新居。過小龍坎至南開看馴叔，適在該校途中與該校校長張伯苓先生邂逅相遇，當即介紹馴叔與校長見面。緣學生太多，不能一一單獨謁見校長。

12 月 6 日　星期一

上午九時參加中央紀念週，並合併舉行十二月五日肇和起義紀念。先由葉楚傖生先報告此次起義之義意，繼由總裁報告當時情形，大意：

（1）此次起義由陳英士先生主持領導，余任參謀長，總裁未負責任，在內部計劃軍士。

（2）總裁與陳英士先生至南市，為軍警所阻，不能回，改乘小舟至法租界上岸。

（3）楊虎同志等佔領肇和兵艦後，假使孫祥夫同志等能同時佔領應端艦，則此次舉義或可成功云云。

此次發動，余任參謀，深知此中情形，惟日久亦多忘記。此次失敗最大原因有：

（1）事先請趙某代辦軍火，為外人所騙，因此武器非常缺乏。當時用種種方法購到各種不同手槍二百餘支，其他都炸彈。

（2）時機未成熟，陸上佈置至少尚須三星期方可完成，因有人（政學系）搗亂，故提早發動。

（3）當晚漁洋里機關為敵探所破，陳先生英士、楊先

生滄白及余，尚有日人山田純三郎，四人由曬台
上屋，與陳先生失去聯絡。陳先即由間壁房屋走
去，余與楊先生、山田三人在屋上過夜，至天破
曉設法走出，因此一夜未能辦事。

此次舉義關係甚大，水陸同志有三、四百人，詳情另記
載。紀念典禮完畢後，出席國防最高會議。據軍事當局
報告，常德雖暫告失陷，我仍在反攻中，不過敵人在滇
西怒增兵，有先發制人之勢。午後三時出席林故主席制
喪會，因已奉安，擬將會務結束，此後墓園一切事宜，
交由總理陵園管理委員會代管。晚間郭寄嶠夫婦及傅伏
波等來訪。

記常德保衛戰

常德保衛戰實始于上月十九日，敵軍由東西南北圍
攻城垣，我守軍余程萬師長率部，乃陷于敵人飛機、大
砲、毒氣環境之中，血戰經旬，彈盡糧絕，白刃肉搏，
直至城為廢墟。雙方死亡慘重，途為屍塞，戰況之慘
烈，為空前所未有。故敵方本月四日廣播亦稱「于抗戰
七十七個月之今日，能若斯頑強抵抗者，為自南京攻略
戰之事也。」現我各路援軍正開始反攻中，據何參謀總
長云，倘官兵能堅忍一日，援軍即可開到，可得殲敵之
目的也。

12月7日　星期二

上午九時出席行政院會議。午後偕文叔進城沐浴，
因天氣寒冷，余室內無火爐設備，現已四十餘日未入
浴，其骯髒可想而知。浴後往街市散步，見商店所標之

物價，很多有較戰前漲至三百倍者。來年物價是必漲高，不知何以度過此難關。

12 月 8 日　星期三

上午八時半訪陳光甫兄，並遇貝松蓀兄。據談由美國借到之黃金使用法，應先決定此種黃金是否作為貨幣，抑係作貨物之原則，關係十分重要。午十二時招待迪魯瓦活佛及班禪駐京辦事處新處長計晉美等午餐。本日接見袁嘯谷、吳亮夫、昂覺民、周漢夫、王蓬、劉靜之等。袁在桂林辦報，吳在白沙辦中學，昂在建國銀行任經理，周任文化服務社副社長，王是工程師，新由印度至新疆看路線回來，劉係西康省黨部執行委員。

12 月 9 日　星期四

上午九時接見西康巴安縣竹瓦寺甲噶活佛（漢名段象賢）、義敦縣降卡寺明居活佛、翻譯捨樂朗結等，甲噶等均是紅教。午十二時半中國銀行總經貝松蓀約午飯，有光甫夫婦及沈宗濂等作陪。

記晤西康劉主席

西康劉主席文輝于本日（十二）到渝，七時來訪。先談西藏問題，余告以自軍事佈置、政教運用已收相當效果，現在日漸安定，劉曰對藏軍事、政治、外交、經濟、教育、宗教應一元化。復次，劉談冷杰生死事，余曰我對杰生死甚難過，兄與杰生是親戚、是小同鄉、是朋友、是部下，其難過當較我更甚，我們只有盡力幫助其遺族。最後余曰，你前次推薦邵石癡兄接杰生兄本會

委員遺缺，因冷府不以邵為然，故未發表，擬請另推他員。劉甚表滿意，劉遂辭而去，計談約一小時之久。

收復常德記（文叔抄）

本月九日下午一時號外消息，我軍自三日起，在常德城郊與敵展開主力決戰，激戰六日，將頑抗之敵擊破後，於九日拂曉將已失之常德收復。捷訊傳來，舉國感奮，此一勝仗，對內既可以安定人心，復可使漢奸徬徨，對外可引起國際重視，更可令敵人寒膽，意義重大，證明最後勝利愈有把握。

12月10日　星期五

午前、午後分別接見吳文藻、陳國英、徐君佩等。文藻新由西北（陝、甘、青、新）歸來，報告視察之所得。國英綏遠人，對于蒙古有深刻之研究，將赴西北任中央統計局甘甯青專員。君佩留學美國，將往安徽任三民主義青年團書記長，此人前途有希望。午十二時招待同鄉安夢洲、安殷盤、魏壽永、袁嘯谷、王案一、吳亮夫、劉真如等便飯。他們都是中年人，都是本省優秀，現在都是中級黨政地位，將來必有進步。

12月11日　星期六

清晨俞子厚老同志來訪，暢談中華革命黨當時情形。余因年久，有許多事記不清楚，特託子厚將上海及長江革命經過，就其可以想出者予以記載，以備余將來寫革命史時之參考。晚七時會同徐部長可亭在徐宅招待劉主席自乾晚餐，以張厲生、鄧鳴階、魯佩章、戴高

翔、曹纕等作陪，席間余大談西藏情形。沈宗濂送入藏計劃，大致可以贊同，不過實施先後，尚須加以考慮。

12月12日　星期日

上午與趙德玉、陸美奐（教部蒙藏教育司）、魯佩章等分別談話，大意如下：

（一）告趙德玉兄曰，青海馬主席所保馬呈祥、馬步鑾、韓有文為軍長、副軍長一案，總裁已批准，望轉達馬主席。查馬主席保薦青海上級軍官，此為最後之一案，今既發表，則馬主席心滿意足矣。而中央信任馬氏，亦可見矣。

（二）陸美奐兄談蒙藏教育事。余曰要以邊疆人心理上所希望辦的學校，迅速舉辦，不要等到人家要求辦，再反過來說，人家不希望辦的學校，不要勉強去辦。他主張辦邊政學院，要我向中央說話，又要本會察哈爾特派員馬鶴天兼伊盟中學校長，余答曰均須考慮。

（三）魯佩章兄談孔副長庸之出處，彼此意見均以為應于政治、經濟擇一負責，否則兩事都管是辦不好的，因此影響國家、影響個人。

晚六時，蕭仙閣、楊笑天、麥德惠借孔公館公宴西康劉主席，約余及孔副院長、何參謀總長等作陪。

12月13日　星期一

上午九時參加中央紀念週，後出席國防最高會。午十二時半在百齡餐廳招待伊盟中學校長經天祿（革

陳），及中統局甘甯青專員陳國英等。申叔自昨日（十
二）午後起發熱，至晚間高到卅九度四，今晨（十三）
降至卅七度八，午間高至卅八度八。午後請萬有竹醫師
診治，據云林巴線發炎，及感受風寒之故也。

12 月 14 日　星期二

上午九時出席行政院會議。據軍事報告，常德城于
十日又為敵軍攻破，十二日又為我軍克復，結至昨晚
（十三）止，距常德卅公里內已無敵人，預計日內可將
殘敵肅清。此次會戰激烈空前，其規模雖不及上海之
役，其犧牲精神則與上海之役相等也。我軍此次陣亡師
長三人，其他各級官兵傷亡已二萬數千人，至于敵人採
取攻勢較多，其傷亡最低限度亦必與我等也。申叔熱度
仍在九十度內外，再請萬有竹西醫及中醫林先生，據云
確是林巴線發炎兼重傷風，比服中藥後，能稍進飲食。
我的看法亦是如此。午後回鄉。

12 月 15 日　星期三

錄六祖壇經語

「邪來煩惱至，正來煩惱除，邪正俱不用，清淨至
無餘。」

又曰：「正見名出世，邪見名世間，正邪盡打卻，
普提性宛然。」【後缺】

12 月 16 日至 19 日　星期四至日

【缺】

12 月 20 日　星期一

【前缺】失守，後雖克服，而其責任應由余程萬師長負之。因為：第一，援軍已到常德附近（城內已可聞見槍聲），應該堅守待援；第二，城內有傷兵三千人，該師長身為長官，何忍離開；第三，既有命令死守，應該服從。因此，為軍紀計、為軍人精神計、為軍人人格計，該師長雖堅守數日，仍應予以處分云云。此案就余觀察，念其苦守旬日，於人情方面，固可免去一死，而在軍紀方面，則不容寬恕也。

十時半出席國防最高會議，總裁主席。首先討論卅二年度預算，計七百四十萬萬元。據孔兼財政部長云，連同臨時追加預算等等，約共需乙千萬萬元，如此需用兩千架飛機由英、美運輸鈔票，認為相當嚴重。本案雖經通過，仍須加以緊縮。繼由總裁報告開羅會議經過，與報紙所發表者大致相同，但此案係先經中、美、英三領袖決定後，由羅斯福、邱吉爾攜至德黑蘭，交予蘇聯領袖斯達林核閱，斯氏於一小時內即答復同意，而後始經發表云云。似此情形，更加強三國決議之意義，於我國收回東北及台灣、澎湖列島，更加一層保障。晚六時半，行政院張秘書長宴請西康劉主席，余往作陪。劉氏定於明日返蓉，余特於晚間前往送行。劉表示此行甚為圓滿，及今後西康對西藏加以威脅態度，又自表示願任駐藏長官。彼此所談，更為具體，兩方滿意，盡歡而別。

12 月 21 日　星期二

　　上午九時出席行政院會議，孔兼財政部長仍以明年預算過大為念，再三希望節約。午後接見鄧晉康所部九十五軍長黃逸民君，暢論邊務。

12 月 22 日　星期三

　　上午回看前伊克昭盟守備總司令陳長捷君，暢談過去伊盟事變之因素。午十二時招待明覺活佛、甲噶活佛（即段象賢）及西康第二十四軍師長唐英等午餐。

12 月 23 日　星期四

　　上午接見新疆回教徒穆罕默德伊敏，以艾沙作通使，暢論國內外戰局。又見金孔章君，金是桐城人，經濟專家，皖省後起之秀，任大學教授十有餘年，現在財政部服務。午十二時，招待第九十五軍軍長黃逸民、該軍參謀長潘大迴（壯達）、新編第九師師長楊曬軒等午餐，以趙巨旭、曹纕蘅等作陪。

12 月 24 日　星期五

　　何澤誠、龔慰祖來見。澤誠係何亞農兄第四公子，年二十，新由蘇州來渝讀書，曆述他兄弟途中冒盡危險與辛苦。慰祖係我家老鄰居，他兄弟亦是受盡辛苦，得以成人。現在慰祖來渝，調政部服務，伊弟由余家照料，得在九中畢業，現入大學先修班。于明日（廿五）上午九時在本會鄉會會議室召開黨員大會，補行黨員（邦達饒幹）宣誓，市黨部請余代表出席監誓，故于本

日午後偕饒幹等下鄉。

12 月 25 日　星期六

　　上午十時出席第五十五區黨員大會，舉行邦達饒幹、沈兆麟等十一人入黨宣誓，余監誓，並訓話。首述饒幹已將英文三民主義譯成藏文，久已明瞭三民主義，更為本黨工作有年，而入黨手束因在印度，遲至此次來渝舉行。次述其他宣誓同志俱是青年，應多讀總理遺教、總裁言論，成一個完全黨人。末述本黨同志無新舊之分，只有努力與不努力之分。此一段說話很有精采。最後大會討論議案，至十一時散會。再與饒幹個人談話，遂即聚餐。因本會科員以上職員將于明年春分兩批入訓練團受訓，特于午後一時召集彼等談話，不外守紀律、求進步，一派勉勵的話，經一小時之久而散。因小魯、彥龍、健飛、氣鍾、叔仁均在鄉間，特于午後六時約彼等來寓所便飯，兆麟亦參加。小魯等都是與余有公私密切關係，尤其是在本會代余負責者，故趁此機會，將本會內外形勢及余個人前途詳加說明，促其注意。蓋彼等都是學有專長，除叔仁先生年以五十，其他是壯年三、四十之間，正是有為之時、有為之才。尤其是彼等感情素來親善，余為進一步希望彼等堅固團結，特勉勵彼等互諒、互讓、互助，達到效忠黨國、幫助本人之目的，若然，則彼等前途亦無限光明也。

12 月 26 日　星期日

　　上午九時偕邦達饒幹、彥龍等進城。過小龍坎，至

南開看馴叔。午後偕文叔、申叔街中散步。

12 月 27 日　星期一

上午九時出席中央紀念週，蔣主席領導行禮，即席訓話。大意檢討本年度黨、政、軍工作進度與成績，並指示黨員對建設國家社會之責任與義務。公務員應任勞任怨，發揚奉公服務精神，建立平等自由國家。九時四十分散會。十時出席中央常務會議。十一時參加中央委員石瑛同志追悼會。午十二時應江蘇韓主席德勤宴。午後二時參加公祭陳雪暄兄（調元）。晚七時翁部長宴。

12 月 28 日　星期二

上午九時出席行政院會議。晚六時應王懋功晚餐，有何敬之等在坐。

12 月 29 日　星期三

午十二時，招待西藏代表阿汪堅贊等四人午餐，以偌子、彥龍、耀文作陪。現屆年終，該代表等于本年漢藏惡化之際，態度穩定，尊重蒙藏委員會，不採藏當局分化中央政策，殊屬明白大體。今約午餐，聊慰辛勞，又順便談國內外形勢，以及抗戰必勝、建國必成之信念，囑彼等便中促西藏當局覺悟。經二小時之久，盡歡而散。

12 月 30 日　星期四

上午十時陳光甫兄來訪，並送咖啡等等。接見綏遠辦事處長王旦久、青海代理民政廳長劉呈德等。

說自然

老氏言「明自然」，就是凡事順理成章，不矯揉造作。

釋氏言「非自然」、「非不自然」，自然是天然的，不自然是人為的。

12 月 31 日　星期五

今日除夕日，孔副院長夫婦自七時起在勝利大廈舉行辭年聯歡會，宴請各國駐渝使節，英、美軍事代表團，盟國軍官及中樞黨、政、軍領袖到三百餘人，余亦在約之列，七時半前往。席間有音樂等助興，賓主至九時半盡歡而散。

卅二年之回想

（一）就國內外形勢而言，確有進步。如軍事有鄂西、湘北（常德）戰事兩次大勝利，及盟軍在東、西各戰場之勝利，堅定同盟國必勝把握。如外交有取消不平等條約，另訂平等新約，及中、英、美、蘇在莫斯科四強宣言，與中、英、美三巨頭在開羅會議，使同盟國意志統一、作戰統一，更使我由三、四等地位，一躍而頭等地位。但軍事、外交雖有進步，然政治、經濟確未能配合，尤以物價高漲，迄無穩定辦法，這是一件最痛心、最失敗的事。倘負經濟之責者，不能想出良好辦法，未始不可影響戰事前途。

（二）就余主管蒙藏而言，今年工作計劃大致完成，但蒙古有伊盟之事變，經多方運用得以恢復現狀，現正派員前往處理善後。至西藏自成立外務局，至藏警衝擾辦事處，其惡化已至最高峰，大有一舉而獨立之勢。經積極軍事佈置、政教運用，其結果于蔣主席就職時來電慶賀，及歡迎新處長入藏等等之表示，現正日漸好轉。明年蒙藏工作仍當本團結蒙古、安定西藏兩個最高原則，積極向前邁進。

（三）就余個人方面而言，家中老幼平安，馴、申、庸、光諸兒輩讀書成績均能及格。襄叔暑暇在教育學院畢業後，至白沙川東師範教書。和俊姪、建文孫先後由家鄉來渝升學，和俊姪已入中央大學工學院四年級，明年暑暇可以完成大學手束，建文孫入重慶大學商學院一年級，學工商管理。余是最歡喜後輩書，他們都能如此上進，我是非常快慰。不過我家生活受物價高漲

之影響，自年起已感困難，昨年買去邊疆人士所送之物品，暫予維持，今年已至苦撐情況。余向來公私財政分得清清白白，除每月薪公五、六千元外（在抗戰前只值四、五十元），對于公家是一塵莫染的。現在平均每月入不敷出約三萬元，前向農民銀行借二十萬元，現已所存無多，不久即將用罄，正不知明年生活何以為計也。

民國日記 52

吳忠信日記（1943）
The Diaries of Wu Chung-hsin, 1943

原　　著　吳忠信
主　　編　王文隆
總 編 輯　陳新林、呂芳上
執行編輯　李佳若
封面設計　陳新林
排　　版　溫心忻

出　　版　🛡️ 開源書局出版有限公司

香港金鐘夏慤道 18 號海富中心
1 座 26 樓 06 室
TEL：+852-35860995

🌼 民國歷史文化學社 有限公司

10646 台北市大安區羅斯福路三段
37 號 7 樓之 1
TEL：+886-2-2369-6912
FAX：+886-2-2369-6990

初版一刷　2020 年 12 月 31 日
定　　價　新台幣 350 元
　　　　　港　幣　90 元
　　　　　美　元　13 元
I S B N　978-986-99750-7-0
印　　刷　長達印刷有限公司
　　　　　台北市西園路二段 50 巷 4 弄 21 號
　　　　　TEL：+886-2-2304-0488

http://www.rchcs.com.tw

國家圖書館出版品預行編目 (CIP) 資料

吳忠信日記 (1943) = The diaries of Wu Chung-hsin, 1943/ 吳忠信原著 ; 王文隆主編 . -- 初版 . -- 臺北市 : 民國歷史文化學社有限公司 , 2020.12

　　面；　公分 . -- (民國日記 ; 52)

ISBN 978-986-99750-7-0 (平裝)

1. 吳忠信　2. 傳記

782.887　　　　　　　　　　109020048